This Book Comes With Free Bonus Puzzles
Available Here:

**BestActivityBooks.com/WSBONUS20**

# 5 TIPS TO START!

## 1) HOW TO SOLVE

The Puzzles are in a Classic Format:

- Words are hidden without breaks (no spaces, dashes, ...)
- Orientation: Forward & Backward, Up & Down or
  in Diagonal (can be in both directions)
- Words can overlap or cross each other

## 2) ACTIVE LEARNING

To encourage learning actively, a space is provided next to each word to write down the translation. The **DICTIONARY** allows you to verify and expand your knowledge. You can look up and write down each translation, find the words in the Puzzle then add them to your vocabulary!

## 3) TAG YOUR WORDS

Have you tried using a tag system? For example, you could mark the words which have been difficult to find with a cross, the ones you loved with a star, new words with a triangle, rare words with a diamond and so on...

## 4) ORGANIZE YOUR LEARNING

We also offer a convenient **NOTEBOOK** at the end of this edition. Whether on vacation, travelling or at home, you can easily organize your new knowledge without needing a second notebook!

## 5) FINISHED?

Go to the bonus section: **MONSTER CHALLENGE** to find a free game offered at the end of  this edition!

Want more fun and learning activities? It's **Fast and Simple!**
An entire Game Book Collection just **one click away!**

Find your next challenge at:

BestActivityBooks.com/MyNextWordSearch

# Ready, Set... Go!

Did you know there are around 7,000 different languages in the world? Words are precious.

We love languages and have been working hard to make the highest quality books for you. Our ingredients?

A selection of indispensable learning themes, three big slices of fun, then we add a spoonful of difficult words and a pinch of rare ones. We serve them up with care and a maximum of delight so you can solve the best word games and have fun learning!

-------

Your feedback is essential. You can be an active participant in the success of this book by leaving us a review. Tell us what you liked most in this edition!

Here is a short link which will take you to your order page.

BestBooksActivity.com/Review50

Thanks for your help and enjoy the Game!

*Linguas Classics Team*

# 1 - Antiques

| | | | | | | | | | | | | | |
|---|---|---|---|---|---|---|---|---|---|---|---|---|---|
| ൻ | ട | ഷ | അ | ഉ | ര | ഗ | ഴ | ആ | ആ | ഫ | ആ | ഖ | ന |
| ഹ | ള | ൻ | ല | ക | ല | ാ | പ | ഭ | ധ | ആ | പ | ദ | ൂ |
| സ | ക | ള | ങ | ഫ | ി | ല | ദ | ര | ി | ഹ | ഴ | ഷ | റ |
| മ | ള | സ | ് | ല | വ | റ | ഷ | ണ | ക | ഢ | യ | ഗ | ് |
| ൂ | ക | ൾ | ക | യ | േ | ി | ഫ | ങ | ാ | സ | ഏ | ന | റ |
| ല | ് | ങ | ാ | ൻ | ു | ല | ശ | ് | ര | അ | ഴ | പ | ാ |
| ് | ട | ങ | ര | ച | ഗ | മ | ം | ങ | ി | ഡ | ർ | ഥ | ണ |
| യ | ർ | ് | ത | ് | ത | ദ | ന | ൾ | ക | ഖ | ച | ാ | ് |
| ം | ആ | യ | പ | ം | ഷ | േ | ക | ് | ി | ന | ച | സ | ട |
| വ | ന | ണ | ശ | ി | ല | ് | പ | ം | മ | ദ | ് | ് | ് |
| അ | സ | ാ | ധ | ാ | ര | ണ | മ | ാ | യ | േ | ി | ന | ള |
| ൻ | ള | ന | ണ | ഫ | ബ | ഡ | ഷ | ഏ | ജ | ള | ണ | ഃ | ര |
| ഉ | യ | ഴ | ഗ | സ | സ | ര | ന | ഗ | ൻ | ബ | ർ | ു | അ |
| ആ | ക | ഹ | സ | ഉ | ശ | ൈ | ല | ി | ഫ | ഉ | ഫ | പ | ഗ |

കല
ലേലം
ആധികാരിക
നൂറ്റാണ്ട്
നാണയങ്ങൾ
കളക്ടർ
അലങ്കാര
ത്ത
ഫർണിച്ചർ
ഗാലറി
നിക്ഷേപം
ആഭരണങ്ങൾ
പഴയ
വില
ഗുണമേന്മയുള്ള
പുനഃസ്ഥാപന
ശില്പം
ശൈലി
അസാധാരണമായ
മൂല്യം

# 2 - Food #1

| | | | | | | | | | | | | | |
|---|---|---|---|---|---|---|---|---|---|---|---|---|---|
| ക | ൽ | ര | ഷ | അ | പ | ◌ി | യ | ർ | ഉ | ◌ം | വ | യ | സ |
| ജ | ◌ാ | ന | എ | ൾ | ന | ഖ | ല | ഫ | പ | ട | ◌െ | ക | ◌് |
| ◌് | പ | ര | ബ | ള | ജ | ഖ | ഗ | എ | ◌് | ◌് | ള | റ | ട |
| യ | ഹ | ഖ | റ | ◌ി | ഉ | ണ | ന | ഴ | പ | ട | ◌ു | ◌ു | ◌് |
| ◌ൂ | ണ | യ | ◌ൂ | ◌് | ട | സ | ശ | ഡ | ◌് | ◌് | ത | വ | ര |
| സ | ച | ദ | ട | ള | റ | ച | ◌ാ | ട | ൽ | ക | ◌് | ◌ാഃ | ◌്ര |
| ◌് | ങ | ◌ീ | ണ | ഉ | സ | ◌് | ശ | ല | ഖഃ | ◌്ര | ത | പ | ബ |
| ഹ | ഉ | യ | ര | അ | സ | ദ | ക | ണ | ഡ | ക | ◌ു | ◌് | ◌െ |
| ൽ | ഉ | ന | ◌ി | ല | ക | ◌് | ക | ട | ല | ◌് | ള | പ | റ |
| സ | ◌ൂ | പ | ◌് | പ | ◌് | ച | ൾ | ദ | ള | ര | ◌് | ട | ◌ി |
| ◌ി | ന | ◌ാ | ര | ങ | ◌് | ങ | ബ | ശ | ണ | ◌ി | ള | ◌് | ൻ |
| ◌േ | ട | ◌േ | ൺ | ഐ | പ | ◌ി | പ | ല | വ | ◌് | ◌ി | ട | ട |
| ബ | ച | ഹ | അ | ര | സ | ◌ാ | ച | ◌് | ഞ | പ | ദ | ഷ | യ |
| ണ | ച | ഗ | ഉ | ൾ | വ | ഹ | ര | എ | ച | ആ | എ | ൽ | ഴ |

ആപ്രിക്കോട്ട്
യവം
ബേസിൽ
കാരറ്റ്
കറുവാപ്പട്ട
വെളുത്തുള്ളി
ജ്യൂസ്
നാരങ്ങ
പാൽ
ഉള്ളി
നിലക്കടല
പിയർ
സാലഡ്
ഉപ്പ്
സൂപ്പ്
ചീര
സ്ട്രോബെറി
പഞ്ചസാര
ട്യൂണ
ടേൺഐപി

# 3 - Measurements

| | | | | | | | | | | | | | |
|---|---|---|---|---|---|---|---|---|---|---|---|---|---|
| എ | ക | ച | സ | ൻ | ഉ | ആ | ൻ | ജ | ത | ഡ | യ | ഗ | ദ |
| മ | ◌ി | ട | ബ | ഫ | ശ | ഹ | ര | ദ | ഹ | ശ | ഡ | ഹ | ഹ |
| ◌ീ | ല | ത | ഹ | യ | ഝ | ബ | വ | ഉ | ഴ | ത | ച | ട | ബ |
| റ | ഃ◌്ര | ഗ | ◌ു | ല | ഗ | ആ | ഗ | സ | ഗ | ◌് | ര | ◌ാ | ◌ം |
| ◌് | ഗ | ജ | ജ | ട | ത | ഴ | ല | ◌ി | റ | ◌് | റ | ർ | ത |
| റ | ◌് | യ | ന | പ | ച | ◌ം | പ | ഫ | ണ | ജ | ഴ | ങ | ഫ |
| ർ | ര | ബ | ജ | ത | റ | ◌് | റ | ◌് | ന | ◌ി | ◌ി | മ | എ |
| ട | ◌ാ | ണ | യ | ർ | റ | റ | ◌് | മ | ◌ീ | ല | ഃ◌്ര | ◌ി | ക |
| അ | ◌ം | ഡ | ◌ി | ഗ | ◌് | ര | ◌ി | ഞ | ദ | ശ | ◌ാ | ◌ം | ശ |
| ന | ഔ | ൺ | സ | ◌് | റ | ഫ | ട | ഷ | ഇ | ഹ | വ | ഫ | ൻ |
| ◌ീ | വ | ർ | റ | റ | ◌് | മ | ◌ീ | റ | ◌ീ | ന | ◌് | ◌െ | സ |
| ള | ത | ◌ീ | ഉ | ഴ | ◌ൈ | ശ | ബ | ◌് | ദ | ◌ം | ൽ | എ | യ |
| ◌ം | യ | ഖ | ത | ച | ബ | ഫ | ജ | ത | ക | ട | സ | ദ | ൽ |
| ഉ | യ | ര | ◌ം | ◌ി | ദ | ഭ | ◌ാ | ര | ◌ം | ശ | ൺ | ട | ഗ |

ബൈറ്റ്
സെന്റീമീറ്റർ
ദശാംശ
ഡിഗ്രി
ആഴം
ഗ്രാം
ഉയരം
ഇഞ്ച്
കിലോഗ്രാം
കിലോമീറ്റർ
നീളം
ലിറ്റർ
ബഹുജന
മീറ്റർ
മിനിറ്റ്
ഔൺസ്
ടൺ
ശബ്ദം
ഭാരം
വീതി

# 4 - Farm #2

| | | | | | | | | | | | | | |
|---|---|---|---|---|---|---|---|---|---|---|---|---|---|
| പ | ◌ു | ല | ◌് | ത | ◌് | ത | ക | ◌ി | ട | ◌ി | ല | പ | ഭ |
| ഗ | ◌ോ | ത | മ | ◌് | പ | ◌് | ക | ക | ൻ | ൻ | ന | ഴ | ക |
| ഡ | മ | ◌ൃ | ഗ | ങ | ◌് | ങ | ൾ | ള | പ | യ | ബ | ◌ു | ◌് |
| ട | ൽ | ◌ാ | പ | ത | ൽ | ഡ | ഷ | ഫ | പ | ഴ | ആ | ത | ഷ |
| ◌് | ഖ | ണ | ല | ഡ | ൽ | ഗ | ൽ | ള | ജ | ◌് | ◌ം | ◌് | ണ |
| ര | ജ | ല | സ | ◌േ | ച | ന | ◌ം | ള | ട | ൽ | പ | ത | ◌ം |
| ◌ാ | ഡ | അ | ഖ | ണ | ങ | ദ | ത | ഹ | ക | ൻ | ല | ◌ു | അ |
| ക | ജ | ബ | ച | സ | എ | എ | ◌ാ | ത | ആ | ആ | ഡ | ച | ര |
| ◌് | ത | ◌ോ | ട | ◌് | ട | ◌ം | റ | ള | ഗ | ച | ഴ | ള | ഖ |
| ട | ക | ച | ക | ഡ | ദ | ട | ◌ാ | ധ | ◌ാ | ന | ◌് | യ | ◌ം |
| ർ | ർ | ദ | ൾ | എ | ഉ | ദ | വ | ജ | വ | ഴ | ട | ഷ | ൽ |
| ആ | ഷ | ല | ൾ | അ | ൻ | ള | ◌് | ആ | ട | ആ | ച | ഹ | ന |
| ഗ | ക | ച | ◌െ | മ | ◌് | മ | ര | ◌ി | യ | ◌ാ | ട | ◌് | ജ |
| സ | ൻ | പ | ച | ◌് | ച | ക | ◌് | ക | റ | ◌ി | യ | വ | ◌ം |

മൃഗങ്ങൾ
യവം
കളപ്പുര
ധാന്യം
താറാവ്
കർഷകൻ
ഭക്ഷണം
പഴം
ജലസേചനം
ലാമ
പുല്ത്തകിടി
പാൽ
തോട്ടം
പഴുത്ത
ചെമ്മരിയാട്
ട്രാക്ടർ
പച്ചക്കറി
ഗോതമ്പ്

# 5 - Books

| | | | | | | | | | | | | | |
|---|---|---|---|---|---|---|---|---|---|---|---|---|---|
| പ | ഹ | പ | ച | ഫ | ള | ണ | ക | സ | അ | ന | ൽ | സ | ഗ |
| ◌് | സ | ള | ശ | ആ | ച | എ | ആ | വ | ◌ീ | സ | ◌ഃ | അ | ഴ |
| ര | ◌ം | ത | ◌് | പ | ◌ാ | ◌ാ | ഥ | ക | ◌ി | ര | ണ | വ | ക |
| സ | ൻ | വ | പ | ◌േ | ജ | ◌് | ഴ | ല | അ | ത | ◌ീ | ച | ൽ |
| ക | ര | ◌ാ | അ | ര | ന | ക | ൽ | ഹ | പ | ◌ം | പ | സ | ൾ |
| ◌് | ച | യ | സ | ◌ം | ഹ | ◌ാ | ◌ി | ത | ഇ | ◌ി | ആ | ങ | ◌് |
| ത | യ | ന | ◌ാ | ദ | യ | ത | ല | ദ | ദ | ല | ശ | ഉ | ദ |
| മ | ◌ി | ക | ഹ | ൻ | ഉ | ◌ം | ജ | ഖ | പ | ഫ | ഗ | ഴ | ഗ |
| ◌ാ | ത | ◌് | ◌ി | ത | ച | ന | ര | ഷ | ശ | ◌േ | ഖ | ര | ◌ം |
| യ | ◌ാ | ക | ത | ആ | ഖ | ◌് | യ | ◌ാ | ത | ◌ാ | വ | ◌് | ല |
| ക | വ | ◌ാ | ◌് | ഖ | സ | ര | സ | ◌ാ | ഹ | സ | ◌ി | ക | ത |
| ഥ | ◌് | ര | യ | പ | ദ | ◌ു | എ | ഴ | ◌ു | ത | ◌ി | യ | ത |
| വ | ഹ | ൻ | ഴ | സ | എ | ദ | സ | ന | ◌് | ദ | ർ | ഭ | യ |
| ക | ണ | ◌് | ട | ◌ു | പ | ◌ി | ട | ◌ു | ത | ◌് | ത | ◌ം | ൻ |

സാഹസികത
രചയിതാവ്
കഥാപാത്രം
ശേഖരം
സന്ദർഭ
ഇതിഹാസം
ഫലിതം
കണ്ടുപിടുത്തം
സാഹിത്യ
ആഖ്യാതാവ്
നോവൽ
പേജ്
കവിത
വായനക്കാരൻ
പ്രസക്തമായ
സീരീസ്
കഥ
ദുരന്തം
എഴുതിയ

# 6 - Meditation

| | | | | | | | | | | | | | |
|---|---|---|---|---|---|---|---|---|---|---|---|---|---|
| മ | ആ | ജ | ൾ | ഗ | ഉ | ൽ | ഡ | ഖ | അ | ക | പ | വ | മ |
| ല | ന | ദ | ങ | ൻ | ഴ | ജ | ള | സ | ന | ◌ാ | ◌് | ◌് | ◌ാ |
| യ | ഫ | സ | ങ | യ | ണ | പ | ൽ | ക | ◌ു | ഴ | ര | യ | ന |
| ദ | ◌ം | ബ | ◌് | ശ | ശ | ◌് | ◌ി | ന | ക | ◌് | സ | ക | സ |
| ച | പ | ള | ര | സ | ന | ദ | ക | ശ | മ | ച | ◌് | ◌് | ◌ി |
| ◌ി | ◌് | ട | ക | ള | ◌് | ന | യ | ബ | ◌് | പ | ഥ | ത | ക |
| ന | ര | ഡ | ◌ാ | ഫ | ന | ആ | ◌് | ധ | പ | ◌് | ◌ാ | ത | സ |
| ◌് | ക | ഷ | ◌ി | ജ | ◌ം | ഉ | ണ | ദ | ട | പ | ന | ◌ം | ആ |
| ത | ◌ൃ | ന | വ | ഴ | ധ | ആ | ണ | ◌് | ◌ി | ◌ാ | ◌ം | ഗ | ദ |
| ക | ത | ◌ം | ന | ◌് | ◌ാ | ശ | ശ | ര | ൾ | ട | സ | ◌ീ | അ |
| ൾ | ◌ി | സ | ഹ | ഫ | ◌ാ | ഖ | ന | ◌് | ◌ു | ◌് | എ | ◌ം | ള |
| ദ | സ | വ | ണ | എ | മ | ആ | ൾ | ശ | ഉ | ക | അ | സ | ഴ |
| എ | ൽ | ◌് | ഉ | ജ | സ | ശ | ◌ീ | ല | ങ | ◌് | ങ | ൾ | ഖ |
| ത | ഷ | ശ | സ | ◌് | വ | ◌ീ | ക | ◌ാ | ര | ◌് | യ | ത | ണ |

സ്വീകാര്യത
ശ്രദ്ധ
ഉണരുക
ശ്വസനം
ശാന്തം
വ്യക്തത
അനുകമ്പ
വികാരങ്ങൾ
നന്ദി
ശീലങ്ങൾ
ദയ
മാനസിക
മനസ്സ്
പ്രസ്ഥാനം
സംഗീതം
പ്രകൃതി
സമാധാനം
കാഴ്ചപ്പാട്
നിശ്ശബ്ദം
ചിന്തകൾ

# 7 - Days and Months

ഗ ച ദ സ ◌െ പ ◌് ത ◌ം ബ ര ◌് ജ ശ
അ ആ ഉ സ ൾ സ ല ഹ ട വ ഫ ൽ ന ന
ഡ ഒ ക ◌് ട ഃ ◌്ര ബ ർ ബ ◌ം വ ന ◌ു ◌ി
വ ഞ ബ ◌ു ധ ന ◌ാ ഴ ◌് ച ല യ വ യ
ഓ ◌് ◌ാ ള ഹ സ ജ ഷ ഏ ഴ ◌് ച ര ◌ാ
ഗ ക യ യ എ അ ◌ൂ ഫ പ ◌് ആ ഴ ◌ി ഴ
സ ല അ ◌ാ റ ആ ല ഖ ◌് ള ച ◌് ആ ◌്
◌് ണ ട ബ ഴ ◌ാ ◌െ പ ര ◌ാ വ വ ള ച
റ ◌് ഹ യ ഹ ◌ാ ഴ യ ◌ി ക ർ ◌ാ എ ◌്
◌് ട മ ◌ാ സ ◌ം ഴ ◌് ൽ ങ ഷ വ ബ ച
റ ർ ൻ ആ ല അ പ ◌് ച ◌് ◌ം ◌് ഡ ◌്
◌് ദ വ ഴ ഉ ള എ ഉ ച ◌ി ഡ ◌്ര ള ർ
ഫ ◌െ ബ ◌് ര ◌ു വ ര ◌ി ത ജ ച ഖ ◌ാ
വ ◌െ ള ◌് ള ◌ി യ ◌ാ ഴ ◌് ച ൽ ശ മ

ഏപ്രിൽ
ഓഗസ്റ്റ്
കലണ്ടർ
ഫെബ്രുവരി
വെള്ളിയാഴ്ച
ജനുവരി
ജൂലൈ
മാർച്ച്
തിങ്കളാഴ്ച
മാസം
നവംബർ
ഒക്ടോബർ
ശനിയാഴ്ച
സെപ്തംബര്
ഞായറാഴ്ച
വ്യാഴാഴ്ച
ചൊവ്വാഴ്ച
ബുധനാഴ്ച
ആഴ്ച
വർഷം

# 8 - Energy

ജ ഹ എ പ എ പ എ ജ അ സ യ എ വ ക
പ പ ന ◌ു ട ൻ ര ഞ ദ വ ജ ഹാ െ◌ാ
ഇ ൽ ൻ ന ഗ ൽ ട ◌ി ◌് ഉ ൾ ൻ ദ റ
ല ആ ഖ ര ബ റ ◌് ◌് സ ച പ ഫ ◌് ◌്
ക ങ ൽ ◌ു ണ ◌ി ◌ൂ ച ര ◌് ◌ി ഖ യ റ
◌് വ ൾ പ ച റ ച ന വഃ◌െ ഥ ൻ ◌ു ◌്
ട ക സ യ ർ റ സ ദ ◌് ക പ ◌ി ത ര
◌് ൺ ട ഃ◌െ ട ◌് ഃ◌െ ഫ യ ത ട ◌് ത എ
ര ദ ത ഗ ഃ◌െ ◌ാ ക ഷ വ ദ ർ ഖ പ ◌ി
ഃ◌െ ഖ ങ ഡ ട ബ ണ ട സ ക ബ ഹ ഴ ◌ി
ൺ ഹ ജ ◌ീ ◌് ൺ ബ ർ ◌ാ കാ െ ഗ ങ ശ
ആ ണ വ സഃ◌െ ട ത ങ യ ള ൻ ബ ള ൻ
ഫ ബ ഡ ൽ മ ഴ ര ന ◌ം ധ ◌് ന ഇ ഗ
ഹാ െ ഡ ◌് ര ജ ന ◌് ബ ണ ര ല ഗ

ബാറ്ററി
കാർബൺ
ഡീസൽ
വൈദ്യുത
ഇലക്ട്രോൺ
എഞ്ചിൻ
എൻട്രോപ്പി
പരിസ്ഥിതി
ഇന്ധനം
ചൂട്
ഹൈഡ്രജൻ
വ്യവസായം
മോട്ടോർ
ആണവ
ഫോട്ടോൺ
പുനരുപയോഗ
ടർബൈൻ
കാറ്റ്

# 9 - Archeology

| | | | | | | | | | | | | | |
|---|---|---|---|---|---|---|---|---|---|---|---|---|---|
| അ | ജ | ◌് | ഞ | ◌ാ | ത | ഫ | ൻ | അ | ഖ | ങ | അ | വ | ഴ |
| വ | ജ | ഴ | ബ | ള | ളഃ | ◌്ര | ള | ങ | ൻ | ത | ഷ | സ | ല |
| വ | ◌ി | പ | യ | ◌ം | ◌് | സ | ഹ | ര | ങ | ഫ | ട | ◌് | സ |
| ല | ◌ി | ല | ◌ി | ത | ആ | ◌ി | ശ | ന | എ | ക | ര | ത | ഷ |
| യ | ആ | ശ | യ | ൻ | ൽ | ൽ | ആ | ണ | വ | ◌് | ന | ◌ു | പ |
| ഡ | വ | ള | ക | ◌ി | ഗ | ഫ | ക | ന | ◌ി | ഷ | ◌ാ | ക | ◌ു |
| ത | ച | ഗ | ത | ല | ര | ◌ാ | ന | ശ | ദ | ◌േ | ഗ | ◌് | ര |
| സ | ര | ട | ള | ഴ | ന | ◌ു | മ | സ | ഗ | ത | ര | ക | ◌ാ |
| ഗ | വ | ◌േ | ഷ | ക | ൻ | ◌ം | ത | ◌ി | ◌് | ◌് | ◌ി | ൾ | ത |
| അ | വ | ശ | ◌ി | ഷ | ◌് | ട | ◌ം | ◌് | ധ | ര | ക | ള | ന |
| ശ | വ | ക | ◌ു | ട | ◌ീ | ര | ◌ം | ള | ത | ◌ം | ത | അ | ഷ |
| പ | ◌ു | ര | ◌ാ | ത | ന | ക | ◌ാ | ല | ◌ം | ൽ | ഖ | ഴ | ഗ |
| ഇ | ആ | ർ | എ | ഖ | മ | റ | ന | ◌് | ന | ◌ു | ത | ൽ | സ |
| ട | ◌ീ | ◌ം | അ | സ | ◌് | ഥ | ◌ി | ക | ൾ | ക | എ | യ | ആ |

വിശകലനം
പുരാതന
പുരാതനകാലം
അസ്ഥികൾ
നാഗരികത
പിൻഗാമി
ഇ.ആർ.എ.
വിലയിരുത്തൽ
വിദഗ്ധ
മറന്നു

ഫോസിൽ
രഹസ്യം
വസ്തുക്കൾ
അവശിഷ്ടം
ഗവേഷകൻ
ടീം
ക്ഷേത്രം
ശവകുടീരം
അജ്ഞാത

# 10 - Food #2

| | | | | | | | | | | | | | |
|---|---|---|---|---|---|---|---|---|---|---|---|---|---|
| മ | ച | ◌െ | റ | ◌ി | ര | അ | ര | വ | ട | ഫ | ആ | ഖ | ൾ |
| ആ | ത | പ | ഴ | ◌ം | പ | പ | ◌് | ഴ | ◌ാ | വ | ർ | ണ | ജ |
| ആ | ൻ | ◌് | ക | ◌ി | വ | ◌ി | ◌ൊ | ◌ു | യ | ഷ | ട | ൾ | ക |
| പ | പ | മ | സ | ങ | സ | എ | ത | ത | ട | ട | ◌് | ◌ു | മ |
| ശ | ഡ | ◌് | ഡ | ◌് | ച | ഷ | ച | ന | ൻ | ള | ട | ര | ച |
| ഡ | പ | ത | പ | ൽ | യ | ഫ | വ | ◌ീ | എ | ൻ | ◌ി | ഹ | ◌ി |
| ഴ | ന | ◌ോ | ണ | ◌ി | വ | ◌ം | എ | ഫ | സ | ത | ക | ഡ | ക |
| ജ | സ | ഗ | വ | വ | ൾ | ഫ | ഷ | ൻ | പ | ◌് | ◌േ | ഹ | ◌് |
| അ | യ | മ | ◌ോ | ദ | ക | ◌ം | യ | ച | ന | ള | ◌ാ | യ | ക |
| ജ | ട | ഴ | ഹ | ഫ | ആ | ബ | അ | ണ | ൺ | ◌ൂ | ക | ബ | ൻ |
| ഷ | ഫ | യ | ആ | ഫ | യ | ര | ◌ി | ത | ◌ി | ന | ◌് | ◌ു | മ |
| ഹ | ◌ാ | ◌ം | ൻ | ഷ | ച | ള | ◌ി | ക | ◌ാ | ◌് | ക | ത | ൻ |
| ബ | ◌് | ര | ◌ൊ | ക | ◌് | ക | ◌ോ | ള | ◌ി | ര | ◌് | ഉ | ണ |
| ച | ൾ | ച | ◌ോ | ക | ◌് | ല | ◌േ | റ | ◌് | റ | ◌് | വ | ര |

ആപ്പിൾ
ആർട്ടിക്കോക്ക്
വാഴപ്പഴം
ബ്രൊക്കോളി
അയമോദകം
ചീസ്
ചെറി
ചിക്കൻ
ചോക്ലേറ്റ്
മുട്ട
വഴുതന
മത്സ്യം
മുന്തിരി
ഹാം
കിവി
കൂൺ
അരി
തക്കാളി
ഗോതമ്പ്
തൈര്

# 11 - Chemistry

| | | | | | | | | | | | | | |
|---|---|---|---|---|---|---|---|---|---|---|---|---|---|
| ക | ◌് | ന | ◌ി | ◌ാ | ഗ | ർ | ഓ | ണ | ഉ | ല | എ | ഉ | ൻ |
| ള | ◌ാ | ഹ | ◌ൈ | ഡ | ◌് | ര | ജ | ന | ◌് | | ഴ | പ | ബ |
| ഖ | ക | റ | ഡ | അ | യ | ◌ോ | ൺ | ക | ക | ഡ | ള | ◌് | ങ |
| ര | ഷ | ◌ാ | ◌് | ക | എ | ഴ | ഖ | ര | ◌് | ട | ആ | പ | സ |
| ദ | യ | പ | ◌ി | റ | ള | ഴ | ന | ത | ല | ഹ | ണ | ◌് | ച |
| ◌് | ദ | ഹ | സ | ◌ം | ല | ഗ | ൻ | ◌് | ◌ോ | ൺ | വ | സ | ◌ൂ |
| ര | ഉ | എ | ആ | ◌് | ഗ | ◌ി | ജ | മ | റ | ര | ഉ | ര | ട |
| ◌ാ | ൻ | യ | ബ | റ | ൽ | ഭ | സ | ◌ാ | ◌ി | ◌ോ | സ | എ | ◌് |
| വ | ത | ണ | ത | ആ | ണ | ◌ാ | ◌ി | ◌് | ൻ | ട | ക | ട | വ |
| ക | ഴ | യ | ഴ | ◌ാ | ല | ര | ◌് | ന | റ | ◌് | ള | ൽ | ക |
| എ | ൻ | സ | ◌ൈ | ◌ം | പ | ◌ം | ക | ത | ണ | ◌് | ല | ക | ◌ാ |
| ഗ | ◌് | യ | ◌ാ | സ | ◌് | ന | ഓ | ക | ട | ക | റ | ക | ർ |
| വ | ങ | അ | ഡ | ത | ബ | ല | ◌ി | ഴ | ല | ല | ഷ | ◌് | ബ |
| ജ | ച | ച | സ | ഗ | ഉ | ത | ന | ല | എ | ഇ | ഹ | ഫ | ൺ |

ആസിഡ്
ക്ഷാര
ആറ്റം
കാർബൺ
കാറ്റലിസ്റ്റ്
ക്ലോറിൻ
ഇലക്ട്രോൺ
എൻസൈം
ഗ്യാസ്
ചൂട്
ഹൈഡ്രജൻ
അയോൺ
ദ്രാവക
തന്മാത്ര
ആണവ
ഓർഗാനിക്
ഓക്സിജൻ
ഉപ്പ്
താപനില
ഭാരം

# 12 - Music

സ ക ച യ ഉ ക ◌ോ റ സ ◌് ആ ഹ റ ക
ഴ ◌ം ജ ഡ ബ പ ൻ ൾ ഖ ൽ ൽ ◌ാ ◌െ ◌ാ
ത ണ ഗ യ യ ന ക ങ സ ൻ ബ ർ ക വ
ട ഴ ജ ◌ീ ആ ങ യ ര ട ഹ ◌ം മ ◌് ◌്
ജ എ ര ആ ത ങ ◌ാ ഉ ണ ◌ാ പ ◌ോ കെ യ
സ ◌ം ഗ ◌ീ ത ജ ഗ വ ല ർ ◌ാ ണ ◌ോ ◌ാ
ഇ ൽ ത ഷ അ യ ◌് ങ ൽ മ ട ◌ി ർ ത
ൾ ◌ം ത ◌ാ ള ◌ം ര ഞ ച ണ ◌ു ക ഡ ◌്
ങ മ പ ണ ഗ വ വ ച ൻ ◌ി ക ◌് ◌ി മ
ഓ ◌െ എ ◌് വ ◌ാ ◌െ ക ◌ാ ത ◌െ ശ ര ◌ം ക
പ ല പ അ ര ഴ ശ ഴ ല വ ബ ള ഗ ◌ം
◌് ഡ ൾ ഹ ള ◌ൂ ട ആ ബ ഉ ◌് ഹ ◌് ബ
പ ◌ി വ ങ ഗ ബ വ ള ട വ ദ അ ഴ ശ
റ ൺ ഫ ◌ോ ര ◌ോ കെ ◌് ◌ാ ◌െ മ ◌ം ഫ സ ട

ആൽബം
കോറസ്
ഹാർമോണിക്
ഹാർമണി
ഇംപ്രൂവ്
ഉപകരണ
മെലഡി
മൈക്രോഫോൺ
സംഗീത
സംഗീതജ്ഞൻ
ഓപ്പറ
കാവ്യാത്മകം
റെക്കോർഡിംഗ്
താളം
പാടുക
ഗായകൻ
വൈകാതെ
ശബ്ദം

# 13 - Family

| | | | | | | | | | | | | | |
|---|---|---|---|---|---|---|---|---|---|---|---|---|---|
| ത | ഴ | ത | ൻ | പ | ആ | ൾ | ങ | ള | ഹ | പ | പ | ക | ഫ |
| ച | പ | ൻ | വ | ഡ | ◌ി | മ | ക | പ | യ | ◌ി | ◌േ | ◌ു | ക |
| മ | ര | ◌ു | മ | ക | ൾ | ത | ◌ാ | ള | വ | ത | ര | ട | ◌ൊ |
| ◌് | ബ | ഴ | ◌ാ | | ത | ൾ | ◌ാ | ത | ഷ | ◌ാ | ക | ◌് | ച |
| മ | ൻ | ര | ◌് | ന | ൽ | പ | സ | വ | ◌ൃ | മ | ◌് | ട | ◌് |
| അ | ക | അ | മ | ◌് | മ | ◌ാ | യ | ◌ി | ◌് | ഹ | ക | ◌ി | ച |
| സ | മ | ൾ | അ | ഛ | ഭ | ◌ാ | ര | ◌് | യ | ൻ | ◌ു | ക | ◌ു |
| ഹ | ◌ു | ക | ക | ച | ത | ഫ | ഴ | എ | ക | ◌ി | ട | ◌് | മ |
| ◌േ | ര | ◌് | ◌ു | ◌് | ര | ◌ി | ദ | ◌ോ | ഹ | സ | ◌് | ക | ക |
| ◌ാ | മ | ക | ട | ത | ര | അ | ണ | ത | ണ | ക | ട | ◌ാ | ൻ |
| ദ | പ | മ | ◌് | ത | ത | ശ | ത | ല | ൻ | ആ | ◌ി | ല | ണ |
| ര | വ | ശ | ട | ◌് | എ | ണ | അ | ഷ | ച | യ | ന | ◌ം | ബ |
| ൻ | ള | സ | ◌ി | ◌ു | ഭ | ർ | ത | ◌് | ത | ◌ാ | വ | ◌് | ര |
| ബ | ബ | ശ | ജ | മ | ന | ള | ഖ | എ | ഴ | ഖ | സ | ണ | ല |

പിതാമഹൻ
അമ്മായി
സഹോദരൻ
കുട്ടി
കുട്ടിക്കാലം
മക്കൾ
കസിൻ
മകൾ
പേരക്കുട്ടി
മുത്തച്ഛൻ
കൊച്ചുമകൻ
ഭർത്താവ്
മാതൃ
അമ്മ
മരുമകൻ
മരുമകൾ
പിതാവ്
സഹോദരി
അമ്മാവൻ
ഭാര്യ

# 14 - Farm #1

| | | | | | | | | | | | | | |
|---|---|---|---|---|---|---|---|---|---|---|---|---|---|
| ട | ഖ | എ | ഫ | ജ | ത | ഴ | ഉ | ൻ | ഹ | ത | ദ | ൽ | പ |
| ല | ഴ | പ | ച | ച | ◌് | ◌ൂ | പ | ഡ | ഷ | ക | ◌േ | ഹ | ശ |
| പ | ര | ച | ൾ | ക | ത | ◌ു | ത | ◌് | ◌ി | വ | ഴ | ൻ | ബ |
| ക | ശ | ഡ | ന | ◌ാ | ◌് | സ | ശ | ൽ | ◌ൃ | സ | ബ | ◌ു | സ |
| ◌ാ | ജ | ◌ു | ◌ാ | ള | പ | ൻ | ന | ◌ീ | ക | അ | ൾ | ജ | ത |
| ക | ണ | വ | യ | ക | ◌ഃ | ഢ | ൾ | ഫ | വ | ◌േ | ല | ◌ി | ച |
| ◌് | ള | ഫ | ഹ | ◌് | ട | ആ | എ | ങ | ൾ | ച | ഖ | ര | ത |
| ക | ങ | ട | അ | ക | ◌ു | ക | ◌ു | ത | ◌ി | ര | ഹ | അ | അ |
| ബ | അ | ഹ | വ | ◌ു | ട | ച | ◌ി | ക | ◌് | ക | ൻ | ത | ള |
| യ | ൽ | ദ | ബ | ട | ◌് | ൻ | ഴ | സ | ര | ബ | വ | ള | ◌ം |
| ബ | ആ | ഫ | അ | ◌് | ◌ാ | ച | ജ | ഉ | ച | ◌ീ | ൾ | ആ | ള |
| ങ | യ | ണ | ള | ട | ക | ദ | സ | ഡ | ത | വ | ൾ | ൻ | ◌് |
| ര | ഫ | ന | പ | ◌ി | ഫ | യ | വ | സ | സ | ഹ | ആ | സ | ◌െ |
| ല | ഗ | ഴ | ദ | ച | ണ | ബ | ബ | ല | ഴ | വ | യ | ണ | വ |

കൃഷി
ബീ
കാട്ടുപോത്ത്
കാളക്കുട്ടി
പൂച്ച
ചിക്കൻ
പശു
കാക്ക
നായ
കഴുത
വേലി
വളം
ഫീൽഡ്
ആട്
ഹേ
തേൻ
കുതിര
അരി
വിത്തുകൾ
വെള്ളം

# 15 - Camping

| | | | | | | | | | | | | | |
|---|---|---|---|---|---|---|---|---|---|---|---|---|---|
| ള | പ | ക | ◌ം | ◌ാ | ട | ത | ട | ത | മ | ന | അ | മ | ഹ |
| ത | ബ | ◌് | ഫ | ഉ | ല | ല | ◌ീ | ◌്ര | ◌ൃ | ◌ാ | ര | ര | ◌ാ |
| ണ | ര | ണ | ര | ഢ | ഷ | ഹ | ഗ | പ | ഗ | യ | സ | ങ | ◌ം |
| ആ | ച | ഖ | ഗ | ◌ാ | എ | ള | ഡ | ◌് | ങ | ◌ാ | ക | ◌് | ഹ |
| ഭ | ◌ൂ | പ | ട | ◌ം | ണ | സ | ഖ | പ | ◌് | ട | ര | ഞ | ◌ാ |
| സ | ഡ | യ | ബ | അ | ട | ◌ി | ഗ | ◌ി | ങ | ◌് | ◌ം | ൾ | ക |
| ട | ◌ാ | യ | ബ | ൻ | സ | ള | അ | ദ | ൾ | ട | ല | ആ | ◌് |
| ല | ശ | ഹ | ഖ | ത | പ | ൻ | ര | ദ | ◌് | ◌് | ന | ച | ക |
| ഖ | ൾ | ഡ | സ | ഉ | പ | ക | ര | ണ | ങ | ◌് | ങ | ൾ | ◌് |
| ൽ | ഴ | വ | ഹ | ◌ി | ഹ | ൾ | പ | ഢ | ഷ | ശ | ഫ | ഉ | വ |
| വ | ഉ | ആഃ | ◌്ര | ന | ക | ഫ | ക | യ | ർ | മ | ല | ങ | ന |
| ഷ | ൾ | ഷ | ൽ | ൽ | അ | ത | ◌ി | ക | ◌ൃ | ര | ◌് | പ | ◌ം |
| ക | ദ | ബ | ട | ഉ | ഴ | ക | ഹ | അ | ഖ | ഫ | ഉ | ങ | ന |
| ഡ | ഉ | ഴ | ര | ◌ം | ട | ◌ാ | ◌ൂ | ക | ◌ാ | ബ | ◌ി | ൻ | ൻ |

സാഹസികത
മൃഗങ്ങൾ
കാബിൻ
കനോ
ഉപകരണങ്ങൾ
തീ
വനം
രസകരം
ഹാംഹോക്ക്
തൊപ്പി
നായാട്ട്
പ്രാണി
തടാകം
ഭൂപടം
ചന്ദ്രൻ
മല
പ്രകൃതി
കയർ
കൂടാരം
മരങ്ങൾ

# 16 - Algebra

| | | | | | | | | | | | | | |
|---|---|---|---|---|---|---|---|---|---|---|---|---|---|
| പ | പ | ഴ | ര | പ | യ | ഗ | ന | മ | ് | പ | ർ | മ | അ |
| ാ | ര | ക | േ | ൂ | ശ | എ | ് | ണ | ആ | യ | ഹ | ാ | ന |
| ര | ി | ത | ഖ | ജ | ജ | ക | ൾ | ര | ണ | വ | ന | ട | ന |
| ന | ഹ | െ | ാ | ് | ജ | ് | ബ | പ | ാ | ഷ | ം | ് | ് |
| ് | ാ | റ | ച | യ | ള | സ | ി | ൻ | പ | ഫ | ശ | ര | ത |
| റ | ര | ് | ി | ം | സ | ് | യ | വ | ക | ത | ് | ി | മ |
| സ | ം | റ | ത | വ | മ | പ | ര | ര | ഉ | വ | ര | ക | ാ |
| ി | ഗ | ാ | ് | വ | വ | ോ | ി | േ | സ | വ | ് | ് | യ |
| സ | അ | യ | ര | യ | ാ | ണ | േ | ഖ | ഖ | ൻ | പ | സ | ഢ |
| ് | ൻ | ം | ം | ത | ക | ന | വ | ൻ | ൾ | ീ | ആ | ് | ി |
| വ | അ | ക | ശ | ജ | ് | ് | ന | ഉ | ൻ | പ | യ | വ | വ |
| ത | ൽ | ട | ഉ | ം | യ | റ | ഫ | ോ | ർ | മ | ു | ല | ി |
| ദ | ന | ഘ | യ | ന | ം | ് | സ | ല | അ | ള | വ | ് | ഷ |
| ദ | ബ | ക | ു | റ | യ | ് | ക | ് | ക | ൽ | ണ | ഹ | ൻ |

രേഖാചിത്രം
ഡിവിഷൻ
സമവാക്യം
എക്സ്പോണന്റ്
ഘടകം
തെറ്റായ
ഫോർമുല
അംശം
ഗ്രാഫ്
അനന്തമായ
രേഖീയ
മാട്രിക്സ്
നമ്പർ
പാരന്റസിസ്
പ്രശ്നം
അളവ്
പരിഹാരം
കുറയ്ക്കൽ
വേരിയബിൾ
പൂജ്യം

# 17 - Numbers

| | | | | | | | | | | | | | |
|---|---|---|---|---|---|---|---|---|---|---|---|---|---|
| പ | ത | യ | ദ | എ | പ | എ | ര | അ | അ | ച | ഖ | എ | ങ |
| മ | ത | അ | ബ | ഷ | ര | ത | ൾ | ജ | ഞ | ല | ബ | ണ | ഖ |
| ◌ൂ | ◌് | ◌് | ഴ | ഏ | ണ | എ | ◌ി | ത | ഡ | ◌് | ആ | ഷ | ട |
| ന | പ | റ | ത | ദ | ◌് | ട | പ | ന | ണ | ◌ാ | ച | ത | ആ |
| ◌് | ◌ു | ആ | ൻ | ◌് | ട | ◌് | ത | ഹ | ◌ാ | ന | ഖ | ◌് | ദ |
| ന | ര | ശ | ഉ | അ | ◌് | ട | ◌ി | ത | ങ | റ | ല | പ | ശ |
| ◌് | ഇ | ൾ | ത | ◌് | പ | ◌് | മ | ഒ | ഉ | എ | ◌് | മ | ◌ാ |
| ഒ | ന | ◌് | ന | ◌് | ത | പ | ◌ൂ | ന | ങ | പ | ന | ◌് | ◌ം |
| പ | ത | ◌ി | ന | ◌േ | ഴ | ◌് | ന | ൻ | ന | ബ | ◌ാ | ത | ശ |
| ൾ | ല | ല | ശ | ക | സ | ഖ | ◌് | ങ | ഗ | സ | ◌ി | ◌ഃ | ൽ |
| ൻ | ൾ | ഴ | ക | അ | ആ | ൻ | ന | ൽ | ന | ൻ | ത | ◌് | ഗ |
| ന | ൻ | ക | ങ | ഖ | ഖ | ൻ | ◌് | യ | ആ | ള | പ | ത | ബ |
| വ | ട | പ | ത | ◌ി | ന | ഞ | ◌് | ച | ◌് | ൽ | ഷ | പ | ദ |
| പ | ന | ◌് | ത | ◌് | ര | ണ | ◌് | ട | ◌് | ച | ര | ഫ | ബ |

ദശാംശ
എട്ട്
പതിനഞ്ച്
അഞ്ച്
നാല്
പതിനാല്
ഒമ്പത്
പത്തൊമ്പത്
ഒന്ന്
ഏഴ്
പതിനേഴ്
ആറ്
പതിനാറ്
പത്ത്
പതിമൂന്ന്
മൂന്ന്
പന്ത്രണ്ട്
ഇരുപത്
രണ്ട്

# 18 - Spices

| | | | | | | | | | | | | | |
|---|---|---|---|---|---|---|---|---|---|---|---|---|---|
| ഉ | ബ | ആ | പ | ◌െ | ര | ◌ു | ◌ം | ജ | ◌ീ | ര | ക | ◌ം | വ |
| ഗ | ള | വ | ഖ | സ | ക | ഫ | ബ | സ | ആ | ഹ | ണ | ശ | ഷ |
| പ | ച | ◌് | ഫ | ഉ | ള | ക | ഴ | ◌ി | റ | ക | ഉ | ൾ | ഴ |
| ഗ | പ | ജ | ള | ബ | വ | ◌ു | ല | ഉ | റ | ജ | ആ | ൻ | ആ |
| ◌് | ജ | ◌് | ഴ | ◌ി | യ | ങ | ത | ഷ | സ | ◌് | ◌ീ | ന | അ |
| ര | ◌ീ | യ | ര | വ | ണ | ◌് | ര | ഡ | അ | ജ | റ | ൾ | ണ |
| ◌ാ | ര | വ | ച | ◌ി | ക | ക | ◌് | ത | ◌ി | ◌ാ | ജ | ർ | ഖ |
| മ | ക | ഫ | ഡ | ശ | ക | ◌ു | അ | യ | ൽ | മ | ച | സ | ട |
| ◌് | ◌ം | ത | ൻ | അ | ൽ | മ | ണ | ൽ | ഴ | ല | ശ | ല | ള |
| പ | ര | ഹ | ത | ഷ | ര | ◌ം | ◌ു | ധ | മ | ◌് | ര | സ | ◌ം |
| ◌ൂ | ഉ | പ | ◌് | പ | ◌് | ല | ഗ | ഖ | ങ | ല | അ | ൽ | ന |
| ങ | വ | ◌ാ | ന | ◌ി | ല | ഏ | ങ | ല | ല | ◌ി | ഖ | ള | ആ |
| ങ | വ | ഷ | ദ | ച | ആ | ഇ | ഞ | ◌് | ച | ◌ി | യ | വ | വ |
| വ | ◌െ | ള | ◌ു | ത | ◌് | ത | ◌ു | ള | ◌് | ള | ◌ി | ഴ | ങ |

അനീസ്
ബിറ്റർ
ഏലം
ഗ്രാമ്പൂ
മല്ലി
ജീരകം
കറി
പെരുംജീരകം
ഉലുവ
രസം
വെളുത്തുള്ളി
ഇഞ്ചി
ജാതിക്ക
ഉള്ളി
പപ്രിക
കുങ്കുമം
ഉപ്പ്
മധുരം
വാനില

# 19 - Universe

| | | | | | | | | | | | | | |
|---|---|---|---|---|---|---|---|---|---|---|---|---|---|
| അ | ക | ◌് | ഷ | ◌ാ | ◌ം | ശ | ◌ം | ഛ | ഹ | ഗ | അ | ച | ഭ |
| ണ | ഇ | ൻ | യ | ൾ | ഹ | ര | ച | ◌ി | ◌െ | ഉ | ന | ന | ◌ൂ |
| ഭ | ശ | യ | ഴ | ഡ | ഫ | ◌േ | ക | ന | മ | ക | ◌് | ◌് | മ |
| ദ | ◌് | ഫ | ◌്ര | വ | ഴ | ഖ | ◌് | ◌് | ◌ി | ◌്ര | ത | ദ | ദ |
| ◌ൂ | ര | ര | യ | ൺ | ത | ◌ാ | ര | ന | സ | സ | ര | ◌് | ◌് |
| ര | ◌ം | ല | മ | ഫ | ഷ | ◌ം | വ | ഗ | ◌് | ◌് | ◌ീ | ര | ധ |
| ദ | ക | ൻ | ◌ാ | ണ | ച | ശ | ◌ാ | ◌് | ഫ | മ | ക | ൻ | ◌് |
| ർ | ◌് | ആ | യ | ശ | പ | ◌ം | ള | ര | ◌ി | ◌ി | ◌് | ഴ | യ |
| ശ | ച | ക | ശ | ആ | എ | ഥ | ◌ം | ഹ | യ | ക | ഷ | ഴ | ര |
| ◌ി | ശ | ◌ാ | ◌് | ച | ല | ഖ | ◌ം | ◌ം | ർ | ◌് | ◌ം | വ | ◌േ |
| ന | ◌ി | ശ | ◌ൃ | ഴ | ദ | എ | ത | ഡ | ഉ | ള | ◌്ര | ഗ | ഖ |
| ◌ി | ◌ാ | ◌ം | ദ | ഗ | ◌ാ | ല | ക | ◌് | സ | ◌ി | ◌ാ | ൾ | ല |
| ഇ | ര | ◌ു | ട | ◌് | ട | ◌് | ഉ | ട | ത | ത | ൻ | ◌്ര | ൽ |
| സ | ◌ം | ക | ◌് | ര | മ | ണ | ◌ം | ല | ഉ | ത | ര | ൻ | സ |

ഛിന്നഗ്രഹം
അന്തരീക്ഷം
ഖഗോള
കോസ്മിക്
ഇരുട്ട്
ഇയോൺ
ഭൂമദ്ധ്യരേഖ
ഗാലക്സി
ഹെമിസ്ഫിയർ
ചക്രവാളം

അക്ഷാംശം
രേഖാംശം
ചന്ദ്രൻ
ഭ്രമണപഥം
ആകാശം
സോളാർ
സംക്രമണം
ദൂരദർശിനി
ദൃശ്യമായ
രാശിചക്രം

# 20 - Mammals

| | | | | | | | | | | | | | |
|---|---|---|---|---|---|---|---|---|---|---|---|---|---|
| ബ | ൾ | ഫ | ആ | ഫ | എ | ല | ള | ഗ | ഡ | ഗ | ഉ | സ | പ |
| ന | പ | ബ | ബ | വ | ക | യ | ശ | ◌ാ | ◌ഃ | ◌െക | ഉ | ഉ | ൻ |
| ത | ണ | ജ | ല | പ | ക | വ | ച | റ | ൾ | ഉ | ര | ശ | അ |
| ണ | ജ | ദ | ൽ | യ | ◌ു | മ | ◌െ | ◌ി | ഫ | ഷ | ബ | ട | പ |
| ട | ൽ | ◌ി | ഉ | ക | ത | സ | മ | ല | ◌ി | വ | ◌് | എ | ◌ി |
| ന | ല | ര | റ | ക | ◌ി | പ | ◌് | ◌് | ൻ | ദ | ◌ീ | ൾ | ച |
| ഒ | ആ | ബ | സ | ◌ാ | ര | ജ | മ | ല | ച | അ | സ | ഉ | ◌െ |
| ൽ | ട | ങ | ഴ | വ | ഫ | സ | ര | ◌ു | ഗ | ◌ാ | ◌ം | ക | ന |
| ട | ശ | ◌് | ന | ◌ാ | യ | ◌് | ◌ി | പ | ◌ൂ | ച | ◌് | ച | ◌് |
| ഫ | എ | ങ | ട | ന | ല | ക | യ | ബ | ◌ീ | വ | ർ | ത | ന |
| ഷ | ല | ◌് | ല | ക | ണ | ◌് | ◌ാ | സ | ◌ി | ◌ം | ഹ | ◌ം | ◌ാ |
| ങ | ഹ | ര | പ | ര | ◌ം | ◌ഃ | ◌െട | ക | ◌ാ | ള | ബ | ച | യ |
| ആ | ഹ | ◌ു | ആ | ന | എ | ഫ | ◌് | ൾ | ല | ങ | ള | ജ | ഴ |
| ഫ | ല | ക | ത | ◌ി | മ | ◌ി | ◌ം | ഗ | ല | ◌ം | ആ | ഹ | ച |

കരടി
ബീവർ
കാള
ഒട്ടകം
പൂച്ച
നായ
ഡോൾഫിൻ
ആന
ഫോക്സ്
ജിറാഫ്
ഗൊറില്ല
കുതിര
കംഗാരു
സിംഹം
കുരങ്ങ്
മുയൽ
ചെമ്മരിയാട്
തിമിംഗലം
ചെന്നായ
സീബ്ര

# 21 - Fishing

| | | | | | | | | | | | | | |
|---|---|---|---|---|---|---|---|---|---|---|---|---|---|
| ബ | ജ | പ | ൽ | ര | അ | ബ | ച | ദ | ള | ക | ഭ | ഉ | ദ |
| ത | ദ | യ | ദ | ആ | ണ | ഖ | ◌ീ | ഉ | ◌ം | ◌െ | ◌ാ | പ | ദ |
| പ | ട | ൾ | ശ | ർ | യ | വ | എ | ച | ള | ണ | ര | ക | ഖ |
| ൾ | ല | ൾ | ൾ | ൾ | ◌ി | ദ | ന | ങ | ◌് | ◌ി | ◌ം | ര | ഹ |
| വ | ള | ◌് | ള | ◌ം | ൽ | യ | ക | ന | ◌െ | ച | ല | ണ | ള |
| ഹ | ◌ു | ക | ◌് | ക | ◌് | ബ | ജ | )◌( | വ | ഫ | ◌് | ങ | ത |
| ഉ | ങ | ഗ | ദ | ക | സ | ◌ീ | സ | ൺ | ട | ള | ട | ◌് | ഗ |
| ഴ | ര | ഖ | ൻ | പ | ◌് | ക | ത | ല | ന | ◌് | ഡ | ങ | ത |
| ഹ | ജ | യ | ഷ | ◌ാ | ന | ഷ | ഷ | യ | ണ | ള | ട | ൾ | ണ |
| ല | ണ | ഡ | ൽ | ച | ഗ | ഹ | മ | ത | ട | ◌ാ | ക | ◌ം | ല |
| ജ | ഴ | ക | ആ | ക | ന | ല | ന | ബ | ല | ച | ഉ | ൾ | ഫ |
| ണ | ൻ | ജ | ര | ◌ം | ദ | ◌് | ◌ു | മ | സ | ◌് | ൻ | ◌ി | ഫ |
| അ | ത | ◌ി | ശ | യ | ◌േ | ◌ാ | ക | ◌് | ത | ◌ി | ച | ജ | പ |
| ദ | ഉ | ശ | ആ | പ | ങ | പ | ജ | അ | ര | ല | സ | ഹ | ൾ |

കെണി
കൊട്ട
ബീച്ച്
വള്ളം
പാചകം
ഉപകരണങ്ങൾ
അതിശയോക്തി
ഫിൻസ്
ഹുക്ക്
അണയിൽ
തടാകം
സമുദ്രം
ക്ഷമ
നദി
സീസൺ
വെള്ളം
ഭാരം
വയർ

# 22 - Restaurant #1

| | | | | | | | | | | | | | | |
|---|---|---|---|---|---|---|---|---|---|---|---|---|---|---|
| റ | ബ | ഷ | ൽ | ആ | ഫ | ബ | ഉ | ല | ഗ | ങ | ത | ശ | ദ | |
| ര | ി | ജ | ർ | ല | അ | ക | ാ | പ | ് | പ | ി | ങ | സ | |
| ഖ | ഭ | സ | ം | ം | ാ | മ | എ | ശ | ഉ | ക | ് | ൾ | ഃ | ാ |
| ഹ | ക | പ | ർ | ല | ഡ | പ | ഫ | ശ | ഉ | ദ | ത | ള | സ | |
| ബ | ് | ് | ക | വ | ു | ം | ി | ര | എ | എ | ക | ള | ് | |
| അ | ഷ | ല | ഷ | ാ | േ | പ | ര | ി | ച | ാ | ര | ി | ക | |
| പ | ണ | േ | ച | ൂ | ഹ | ഷ | ള | ക | ാ | ഷ | ് | യ | ർ | |
| ് | ം | റ | േ | ത | ഉ | എ | ൻ | ക | ക | ് | ി | ച | ണ | |
| പ | എ | ് | ര | ര | ക | ന | ഷ | ച | ഉ | പ | ട | ഫ | വ | |
| ം | ഴ | റ | ു | ക | ന | ഴ | ഖ | ഴ | ഫ | ഷ | ണ | ങ | ഗ | |
| മ | അ | ് | വ | അ | ട | ു | ക | ് | ക | ള | ള | ൻ | വ | |
| ഡ | ൈ | ച | ക | മ | ധ | ു | ര | പ | ല | ഹ | ാ | ര | ം | |
| ഹ | സ | ന | ൾ | ൌ | ബ | എ | ൾ | ൻ | ഉ | ച | ത | ഗ | ഫ | |
| ര | ൾ | ഗ | ു | ശ | അ | ഖ | ഫ | ൾ | ൻ | ഷ | ഡ | ണ | എ | |

അലർജി
ബൌൾ
അപ്പം
കാഷ്യർ
ചിക്കൻ
കാപ്പി
മധുരപലഹാരം
ഭക്ഷണം
ചേരുവകൾ
അടുക്കള
കത്തി
മാംസം
മെനു
തൂവാല
പ്ലേറ്റ്
റിസർവേഷൻ
സോസ്
എരിവും
പരിചാരിക

# 23 - Bees

പ ◌് ര ◌ാ ണ ◌ി ക പ ത ട സ ച ക പ
ഗ ആ ള പ ഷ എ ◌ൂ ഉ ഴ ന ◌ൂ ◌ി ക ◌ൗ
ര ഗ ങ ◌ു ട വ ട ച ഴ ◌ം ര റ ൽ ല
ഗ സ ട ഷ ഫ ക ◌് ◌ം ശ യ ◌് ക ശ ◌്
ഞ ◌ി ജ ◌് ◌ാ ര ട അ ട ൽ യ ◌ു ഖ ല
ആ ഹ ഗ പ ണ ഊ ◌ം ഴ ദ ◌് ൻ ◌േ ത ◌ി
ബ ഹ യ ◌ം ധ ◌് വ ◌ി ◌ൈ വ ◌ഃ ◌ ജ ബ ന
ഫ ര ഡ ഗ ട ഭ വ ര ട സ ച ത ഗ ◌േ
ള ൽ ഉ ച ആ ക ◌ു പ ശ ൻ എ ഷ ശ റ
റ ◌ം റ ◌് സ ◌് സ ◌ി ക ◌ഃ ◌് ക ഇ ◌്
ഡ ല ഫ സ ഉ ഷ ഖ ല ക ത ഗ ങ ഫ റ
ഗ ക അ ആ ഫ ണ ദ ക ◌് ഴ ◌ു ◌െ മ ർ
അ ഴ അ ന ബ ◌ം ദ ഗ ◌ൂ യ ണ ഫ ര ഡ
സ സ ◌് യ ങ ◌് ങ ശ പ ദ ◌ം എ ത ദ

ഗുണം
പുഷ്പം
വൈവിധ്യം
ഇക്കോസിസ്റ്റം
പൂക്കൾ
ഭക്ഷണം
പഴം
തോട്ടം
തേൻ
പ്രാണി
സസ്യങ്ങൾ
പൊല്ലിനേറ്റർ
രാജ്ഞി
പുക
സൂര്യൻ
കൂട്ടം
മെഴുക്
ചിറകു

# 24 - Weather

| | | | | | | | | | | | | | |
|---|---|---|---|---|---|---|---|---|---|---|---|---|---|
| മ | ക | ◌ാ | റ | ◌് | റ | ◌് | ച | ശ | ഉ | ക | വ | ഗ | ട |
| എ | ◌ി | ര | ഥ | ത | ങ | വ | ◌ു | ◌ാ | ഷ | ◌ൊ | ◌െ | അ | ണ |
| ൺ | ഉ | ന | സ | ൽ | ജ | ഗ | ഴ | ന | ◌് | ട | ള | ന | ങ |
| ◌ൂ | ത | ട | ◌് | സ | എ | പ | ല | ◌് | ണ | ◌ു | ◌് | ◌് | ത |
| സ | ഹ | ജ | വ | ന | ഫ | പ | ◌ി | ത | മ | ങ | ള | ത | ഉ |
| ൺ | ട | ബ | ല | ച | ൽ | ട | ക | മ | ◌േ | ◌് | പ | ര | ത |
| മ | ശ | ◌ം | ◌ാ | ക | ആ | വ | ◌് | ◌ാ | ഖ | ക | ◌് | ◌ീ | ◌ാ |
| ധ | ഴ | അ | ◌ാ | ത | ഡ | ര | ക | യ | ല | ◌ാ | പ | ക | പ |
| ഴ | ◌് | വ | ക | അ | ണ | ൾ | ◌ാ | പ | ◌ാ | റ | ◌ൊ | ◌് | ന |
| യ | പ | ര | ◌ി | ന | ങ | ച | റ | എ | ത | ◌് | ക | ഷ | ◌ി |
| ര | ങ | ◌ൊ | ◌ു | ല | ഡ | ◌് | ◌് | ച | ൽ | റ | ◌് | ◌ം | ല |
| ഹ | ണ | ◌് | ൽ | വ | ◌് | ച | റ | ബ | ട | ◌് | ക | യ | ഫ |
| സ | പ | ഡ | ങ | ട | ഹ | ല | ◌് | ല | ◌ൂ | ഘ | ◌ം | ◌േ | മ |
| ഖ | ൻ | ട | ഉ | ക | ◌ം | ക | ◌് | ഴ | മ | ◌ു | ◌ി | ട | ഇ |

അന്തരീക്ഷം
ശാന്തമായ
കാലാവസ്ഥ
മേഘം
വരൾച്ച
ഡ്രൈ
വെള്ളപ്പൊക്കം
മൂടൽ
ചുഴലിക്കാറ്റ്
ഐസ്
മിന്നൽ
മൺസൂൺ
ധ്രുവ
മഴവില്ല്
ആകാശം
കൊടുങ്കാറ്റ്
താപനില
ഇടിമുഴക്കം
ഉഷ്ണമേഖലാ
കാറ്റ്

# 25 - Adventure

| | | | | | | | | | | | | | |
|---|---|---|---|---|---|---|---|---|---|---|---|---|---|
| ട | ന | ഗ | പ | ബ | ദ | ൾ | ൽ | ഫ | ഫ | ശ | ട | എ | ഷ |
| ണ | ◌ം | ര | വ | വ | ◌ി | ര | ◌ാ | ത | ◌് | ◌ാ | യ | പ | ന |
| ന | ◌ാ | വ | ◌ി | ഗ | ◌േ | ഷ | ൻ | ഗ | ര | ന | ഷ | ◌് | ന |
| അ | വ | സ | ര | ◌ം | ഖ | ങ | ആ | ഖ | ണ | ഷ | ഴ | ര | ◌ം |
| ട | ◌് | ട | ◌് | മ | ◌ു | ധ | ◌ി | ദ | ◌് | ◌ു | ബ | ക | ഥ |
| അ | ള | ഡ | ഹ | ച | ണ | ച | ഖ | ഴ | ട | ന | യ | ◌ൃ | ◌ാ |
| ൾ | ക | ള | ◌ി | വ | ◌ി | ല | ◌ു | ല | ◌് | ◌െ | വ | ത | സ |
| സ | ◌ൗ | ന | ◌് | ദ | ര | ◌് | യ | ◌ം | സ | വ | ഫ | ◌ി | ◌് |
| അ | പ | ക | ട | ക | ര | മ | ◌ാ | യ | ◌് | ഷ | ണ | സ | യ |
| പ | ആ | ഷ | ◌ം | ത | ◌ഃ | ◌് | ന | സ | ◌ു | ര | ക | ◌് | ഷ |
| ◌ു | വ | ജ | പ | ◌് | ര | വ | ർ | ത | ◌് | ത | ന | ◌ം | ◌് |
| ത | ◌േ | ഒ | ര | ◌ു | ക | ◌് | ക | ◌ം | എ | യ | ര | എ | ◌് |
| ◌ി | ശ | ഉ | ല | ◌് | ല | ◌ാ | സ | യ | ◌ാ | ത | ◌് | ര | ക |
| യ | ◌ം | അ | ത | ◌് | ഭ | ◌ു | ത | മ | ◌ി | ല | ◌് | ല | ല |

പ്രവർത്തനം
സൗന്ദര്യം
വെല്ലുവിളികൾ
അവസരം
അപകടകരമായ
ലക്ഷ്യസ്ഥാനം
ബുദ്ധിമുട്ട്
ആവേശം
ഉല്ലാസയാത്ര
ഫ്രണ്ട്സ്
യാത്രാവിവരണം
സന്തോഷം
പ്രകൃതി
നാവിഗേഷൻ
പുതിയ
ഒരുക്കം
സുരക്ഷ
അത്ഭുതമില്ല

# 26 - Sport

| | | | | | | | | | | | | | |
|---|---|---|---|---|---|---|---|---|---|---|---|---|---|
| ല | വ | ് | ി | ഴ | ക | ശ | ര | ീ | ര | ം | ള | ഉ | ഹ |
| ക | ല | സ | ഹ | ി | ഷ | ് | ണ | ു | ത | ി | ് | ക | ശ |
| ് | ു | ഹ | ൃ | ദ | യ | ച | പ | ാ | പ | ഉ | ഗ | ല | ഖ |
| ഷ | ത | ന | ശ് | എ | പ | ആ | ര | ഴ | ഡ | ര | ത | ഴ | ഉ |
| ് | ാ | ഡ | ൃ | ട | ഴ | ൈ | ള | വ | ക | ങ | പ | ആ | ഉ |
| യ | ക | യ | സ | ത | ഷ | ഷ | ഷ | ശ് | ക | ശ | ി | േ | പ |
| ം | ് | റ | ൊ | ദ | ് | ഉ | ൻ | ക | അ | ആ | ഡ | ണ | ന |
| യ | ക | ് | ക | ൽ | ത | ത | ശ | ഥ | ാ | ൻ | ഴ | പ | ഫ |
| ം | ു | റ | ് | ന | ദ | ന | ം | ി | യ | ഹ | ആ | ഫ | ത |
| ഗ | ക | ് | ല | ച | ച | ് | ച | ് | ൈ | ക | ാ | ങ | ക |
| ് | ആ | അ | ി | ങ | ന | ശ് | അ | സ | എ | ഫ | ന | ര | അ |
| ൈ | ശ് | ട | ം | ് | ട | ഓ | ണ | അ | ത | വ | ൻ | ന | ം |
| ര | ാ | ം | ഗ | ് | ര | ൈ | ് | പ | ൻ | ദ | ല | യ | ൻ |
| ആ | ഹ | സ | ് | ട | ് | ർ | പ | ൈ | ് | സ | ര | ങ | ശ് |

കഴിവ്
ശരീരം
അസ്ഥികൾ
ഹൃദയ
കോച്ച്
സൈക്ലിംഗ്
നൃത്തം
ഡയറ്റ്
സഹിഷ്ണുത
ലക്ഷ്യം
ആരോഗ്യം
ഓട്ടം
വലുതാക്കുക
ഉപാപചയ
പേശികൾ
പോഷകാഹാരം
പ്രോഗ്രാം
സ്പോർട്സ്
ശക്തി

# 27 - Restaurant #2

| | | | | | | | | | | | | | |
|---|---|---|---|---|---|---|---|---|---|---|---|---|---|
| പ | ച | ◌് | ച | ക | ◌് | ക | റ | ◌ി | ക | ൾ | ഉ | ഫ | ങ |
| മ | ള | ട | സ | ന | ◌ൂ | ഡ | ◌ി | ൽ | സ | ◌് | ച | ◌ഃ | ൻ |
| ഷ | ത | ട | ഫ | ◌ാ | ച | ഹ | ല | വ | അ | സ | ◌് | ർ | ഡ |
| ട | ച | ◌് | അ | എ | ല | ണ | ന | ◌ി | ത | ഏ | ച | ക | ങ |
| ച | ക | ◌ു | സ | ക | പ | ഡ | പ | ശ | ◌് | വ | ഭ | ◌് | ങ |
| ര | ള | മ | സ | ◌് | ഹ | ണ | ◌് | പ | ത | ◌ൈ | ക | ക | പ |
| ◌േ | ◌ു | ണ | അ | ക | യ | ക | പ | ◌് | ◌ാ | ള | ◌് | ◌് | ◌ാ |
| സ | വ | ച | ട | ◌് | പ | ◌ം | ◌് | പ | ഴ | ◌് | ഷ | ജ | ന |
| ക | ഗ | വ | ◌ി | ◌േ | ഖ | ഴ | ◌ൂ | ◌് | ◌ം | ള | ണ | അ | ◌ീ |
| എ | പ | ര | ◌് | ക | ൻ | പ | സ | ഫ | ഫ | ◌ം | ◌ം | ച | യ |
| ഴ | ജ | ര | ണ | ബ | ര | സ | ന | ങ | എ | ണ | പ | ണ | ◌ം |
| ക | ബ | ദ | ര | സ | ഴ | മ | ത | ഖ | ഖ | ഉ | ഷ | ശ | ക |
| ഗ | ങ | ത | ക | ഴ | വ | ത | ◌ാ | ഉ | പ | ◌് | പ | ◌് | ൽ |
| ഫ | ങ | ബ | ഴ | ർ | റ | റ | ◌് | യ | ◌് | ◌െ | വ | ഹ | ള |

വിശപ്പ്
പാനീയം
കേക്ക്
കസേര
രുചികരമായ
അത്താഴം
മുട്ട
മത്സ്യം
ഫോർക്ക്
പഴം
ഐസ്
ഉച്ചഭക്ഷണം
നൂഡിൽസ്
സാലഡ്
ഉപ്പ്
സൂപ്പ്
കരണ്ടി
പച്ചക്കറികൾ
വെയ്റ്റർ
വെള്ളം

# 28 - Geology

ഫ ആ ച ൻ ല ണ അ ഫ സ ആ ത ൻ ഫ ര

ൾ ങ ങ ◌് ര ◌് ക ച ഉ സ അ ട ഃ ◌്ര ങ

ഴ ഴ ബ ഭ ഷ ള ◌് ണ ര ◌ി ആ മ സ ഗ

പ ഉ ജ ആ ◌ൂ ന ക ല ◌ു ഡ ഉ ണ ◌ി ച

ജ ൽ ഉ ഉ പ ക യ ണ ക ◌് എ ◌് ൽ ത

പ ര ല ◌ു ക ൾ മ അ ◌ി എ ൻ ണ ഭ പ

അ ര ഡ ക ല ശ ഗ ◌് യ ഫ ല ാ ◌്ര ◌ൂ വ

ൻ അ ജ അ യ ഉ പ എ പ ക ◌ാ ല ഖ ◌ി

ക ◌് വ ◌ാ ർ ട ◌് സ ◌് ◌ം വ ◌ി ണ ഴ

ഗ ൾ ര യ ◌ം സ ◌് ത ◌് ◌ാ ക പ ◌് ◌ം

ഖ ◌ു ദ എ ട ഉ പ ◌ാ ള ◌ി ങ ◌് ഡ ൽ

ര ൽ ഹ ഡ ര ൽ ഉ ജ ഖ ര ണ പ ◌ം ശ

ൻ ധ ◌ാ ത ◌ു ക ◌് ക ൾ ഷ ഉ ◌് ൽ ആ

ഴ പ ◌ീ ഠ ഭ ◌ൂ മ ◌ി ഹ ഫ ഫ ഴ ൽ ഗ

ആസിഡ്
കാഠിന്യം
ഗുഹ
ഭൂഖണ്ഡം
പവിഴം
പരലുകൾ
ചക്രങ്ങൾ
ഭൂകമ്പം
മണ്ണൊലിപ്പ്
ഫോസിൽ
ലാവ
പാളി
ധാതുക്കൾ
ഉരുകിയ
പീഠഭൂമി
ക്വാർട്സ്
ഉപ്പ്
കല്ല്

# 29 - House

| | | | | | | | | | | | | | |
|---|---|---|---|---|---|---|---|---|---|---|---|---|---|
| ൾ | പ | ല | മ | ള | മ | ത | ള | ക | ഴ | ഹ | ഫ | ത | അ |
| ഗ | വ | ദ | ◌ൂ | ള | ◌ു | ഃ | ൽ | ഡ | ല | ൽ | ർ | ട | ട |
| ഹ | ട | ക | ട | വ | റ | ട | വ | ന | യ | യ | ണ | ◌് | ◌ു |
| വ | ◌ി | ◌ീ | ◌ു | ◌ി | ◌ി | ◌് | മ | ◌േ | ക | ട | ◌ി | ട | ക |
| ◌ാ | ണ | ക | ശ | ള | ഖ | ട | ത | ങ | ല | ഉ | ച | ◌ി | ◌് |
| ത | ◌ാ | ശ | ◌ീ | ക | ല | ◌ം | ◌ി | ച | ഷ | ◌ി | ◌് | ന | ക |
| ◌ി | ◌് | ങ | ല | ◌് | ദ | ◌ൊ | ൽ | ണ | ◌ൂ | അ | ച | ◌് | ള |
| ൽ | ണ | ഉ | ന | ക | ജ | ന | ബ | വ | അ | ല | ർ | പ | ദ |
| ര | ക | ◌ൂ | ക | ◌് | ൽ | ◌േ | മ | ◌് | ഷ | ആ | ◌് | ◌ു | ബ |
| അ | ട | ◌ു | പ | ◌് | പ | ◌് | ജ | യ | ര | ൽ | ല | റ | ത |
| ങ | ത | ബ | ള | ജ | ങ | ങ | ◌ാ | ജ | ന | റ | ള | ◌ം | ട |
| ഗ | ◌ാ | ര | ◌േ | ജ | ◌് | ഷ | ല | ഴ | അ | ഗ | ◌ി | ഹ | ശ |
| ര | ഫ | ൽ | ആ | ല | ഷ | വ | ക | ല | ത | ൾ | ഫ | ഉ | ര |
| വ | സ | ആ | പ | ഷ | ക | ർ | ◌ം | സ | ഉ | ര | ഴ | ൻ | ണ |

തട്ടിന്പുറം
ചൂല്
മൂടുശീല
വാതിൽ
വേലി
അടുപ്പ്
തറ
ഫർണിച്ചർ
ഗാരേജ്
തോട്ടം
കീകൾ
അടുക്കള
വിളക്ക്
ലൈബ്രറി
കണ്ണാടി
മേൽക്കൂര
മുറി
ഷവർ
മതിൽ
ജാലകം

# 30 - Physics

ട ഷ ഉ ജ ആ ണ വ ◌േ ഗ ത ന ഹ വ സ
ഹ ൾ ഷ ൺ ണ ത ജ ണ ഴ യ ശ ന ണ ◌ാ
ഉ ണ ◌ം ര വ ◌് ത ത ഗ ത ത ര ല ന
ശ വ പ ഃ ◌്ര ശ ൻ ന ക ൽ ങ ജ പ ച ◌്
ഴ ഷ ഉ ട അ പ ച ഷ ക ദ ത സ ൾ ദ
മ ◌െ ക ◌് ക ◌ാ ന ◌ി ക ◌് സ ◌് ആ ◌്
ത ക ര ◌് ◌ി ക ഗ ക ◌് വ ഉ യ റ ര
ന ◌ു ◌ി ക ണ ◌ാ ൽ ◌് മ ഞ ഗ ◌ാ ◌് ത
◌് ഴ ത ല ക ന ര ◌േ ◌ി ങ എ ◌് റ ഫ
മ പ ◌് ഇ ഫ ◌് ഗ പ ◌െ ഫ ഗ ഗ ◌ഃ ◌ാ
◌ാ ◌് വ ൾ ബ ത ൾ ആ ക ങ ബ ഗ ജ ർ
ത പ ർ ര ഡ ◌ി ആ വ ◌ൃ ത ◌് ത ◌ി മ
◌് ◌ം ◌ാ ഹ ച ക ബ ഹ ◌ു ജ ന ആ ത ◌ു
ര വ സ ൻ ഴ ത പ ◌് ര വ ◌േ ഗ ◌ം ല

തരണം
ആറ്റം
കുഴപ്പം
കെമിക്കൽ
സാന്ദ്രത
ഇലക്ട്രോൺ
എഞ്ചിൻ
ഫോർമുല
ആവൃത്തി
ഗ്യാസ്

കാന്തികത
ബഹുജന
മെക്കാനിക്സ്
തന്മാത്ര
ആണവ
കണിക
ആപേക്ഷികത
വേഗത
സാർവത്രിക
പ്രവേഗം

# 31 - Dance

ണ ച ഡ ദ ഉ ഹ ഫ ക ങ യ ഡ ന ഖ പ
ക ര ◌ി ക ◌ാ സ ◌് ◌ം ◌ാ സ ക ബ ന ങ
സ ◌് ശ പ ഖ ഖ സ ശ ഴ ഗ ത ങ ◌ു ◌്
ൽ ന ല ക പ ക പ ന ശ ര ◌ീ ര ◌ം ക
ച ബ ◌് ◌ാ ആ ◌ൃ ഹ ◌ൃ സ ൻ പ അ ന ◌ാ
ഷ ◌ാ വ ത സ പ ഗ ത ൽ ച ◌് ക ധ ള
യ ച ട ൽ ഃ ◌െ ◌ി ത ◌് ഷ യ ര ◌് ◌ീ ◌ി
ഡ ശ സ ◌ു ശ ഷ ക ത ള ണ സ ക ര ള
ര ഡ ല ബ ക അ ◌ം ◌് ശ ഫ ◌് ◌ാ ◌ാ അ
വ ◌ി ഷ ◌് വ ൽ അ ഡ ക ഫ ഥ ദ ക എ
പ ര മ ◌് പ ര ◌ാ ഗ ത ൽ ◌ാ മ ◌ാ ള
ത ◌ാ ള ◌ം വ ◌ി ക ◌ാ ര ◌ം ന ◌ി ◌ി ദ
ദ ന ന ത ന ഖ ത ◌ം ഗ ◌ീ ◌ം സ വ ൾ
ജ സ ◌ം സ ◌് ക ◌ാ ര ◌ം ക ഹ ക ശ പ

അക്കാദമി
കല
ശരീരം
നൃത്ത
ക്ലാസിക്കൽ
സാംസ്കാരിക
സംസ്കാരം
വികാരം
വികാരാധീനനും
കൃപ
സന്തോഷം
ചാടുക
പ്രസ്ഥാനം
സംഗീതം
പങ്കാളി
താളം
പരമ്പരാഗത
വിഷ്വൽ

# 32 - Coffee

| | | | | | | | | | | | | | |
|---|---|---|---|---|---|---|---|---|---|---|---|---|---|
| ങ | വ | ബ | ങ | വ | ◌ം | ഭ | ◌് | ത | ഉ | ഗ | ബ | ട | വ |
| ക | ◌ി | ◌ി | ൽ | റ | ര | സ | ◌ാ | ച | ◌് | ഞ | പ | ക | ◌ൊ |
| ഖ | ല | റ | ദ | ◌ു | ര | ◌ാ | യ | ള | ജ | ട | ഢ | ക | വ |
| ല | ഹ | ◌് | ൻ | ത | ശ | സ | വ | ശ | ദ | ഉ | അ | ◌് | ◌ി |
| പ | ൽ | റ | ട | ◌് | ഉ | ഫ | ◌ം | ◌ി | ഢ | യ | അ | ര | ധ |
| ൽ | ◌ാ | ർ | ത | ത | ◌് | ◌ു | റ | ക | ല | ല | ക | ◌ീ | ◌് |
| ൽ | പ | ന | ശ | വ | ന | ജ | ദ | ക | ഴ | ◌െ | ഫ | ◌ം | യ |
| ന | അ | ജ | ◌ീ | ദ | അ | ശ | ◌് | ◌ു | ജ | സ | ◌ീ | ഖ | ◌ം |
| ഗ | ക | ഴ | ശ | യ | ന | ഉ | ര | ക | ഖ | ◌ു | ൻ | ച | ഉ |
| ത | ന | ഫ | ഹ | ഷ | ◌ം | ആ | ◌ാ | ◌് | ക | ഗ | ഉ | ല | സ |
| ഫ | ◌ി | ൽ | ട | ◌് | ട | ർ | വ | ട | പ | ന | ശ | ന | ഷ |
| വ | ◌െ | ള | ◌് | ള | ◌ം | ൾ | ക | ◌ി | ◌് | ◌് | ൽ | ബ | ക |
| ൾ | ഫ | ര | ഢ | എ | ൽ | ന | ല | ◌്ര | പ | ധ | ഷ | ദ | ദ |
| ഹ | ണ | ഹ | ത | ൽ | അ | ആ | ൻ | പ | ◌് | ◌ം | ൻ | അ | യ |

സുഗന്ധം
പാനീയം
ബിറ്റർ
കറുത്ത
കഫീൻ
ക്രീം
കപ്പ്
ഫിൽട്ടർ
രസം
പൊടിക്കുക

ദ്രാവക
പാൽ
രാവിലെ
ഉത്ഭവം
വില
വറുത്ത
പഞ്ചസാര
വൈവിധ്യം
വെള്ളം

# 33 - Shapes

ണ ഷ ◌് ക ർ ആ ജ ന വ എ ജ ട ദ ദ
ഷ ശ ഉ ഓ ◌് പ ◌് ര ◌ി സ ◌ം ഹ ക ◌ീ
ഉ ഖ ങ ഷ വ യ ങ ൽ ഫ ജ ത കഃ ◌്ര ർ
ണ ങ ള ഗ ച ൽ ◌ൂ റ ക ഴ യ ല ൺ ല
ച സ ഉ ര ക ണ ങ ബ ◌ൗ ട ങ ബ അ ച
ശ ണ ഗ ദ വ ര അ വ ◌് ണ ങ ൾ ശ ത
ർ ട ണ ◌് ല ◌ി ◌ി സ ശ ല ◌് ഗ ഖ ◌ു
ഹ ◌ാ ◌ൈ പ ◌് പ ർ ബഃ ◌്ര ള ട ള ട ജ ര
ത ◌് ര ◌ി കഃ ◌്ര ണ ◌ം ◌ം ല ◌ാ ◌ൈ ൻ ◌് ◌ം
ൾ ച ഴ ൺ ഗഃ ◌്ര ള ◌ിഃ ◌്ര പ ല ട ക ട
ൻ എ ട ൻ ഹ ഫ ത ര ഗ ഴ ശ ഷ ർ എ
ദ ◌ീ ര ◌് ഘ വ ◌ൃ ത ◌് ത ◌ം വ വ മ
സ ർ ക ◌് ക ◌ി ൾ സ ഷ വ ഫ ശ ◌് ◌ൂ
ശ ങ പ ◌ി ര മ ◌ി ഡ ◌് ച ജ ◌ം ണ ല

ആർക്
സർക്കിൾ
കോൺ
മൂല
ക്യൂബ്
കർവ്
സിലിണ്ടർ
ദീർഘവൃത്തം
ഹൈപ്പർബോള
ലൈൻ
ഓവൽ
പോളിഗോൺ
പ്രിസം
പിരമിഡ്
ദീർഘചതുരം
റൗണ്ട്
വശം
ഗോളം
കവല
ത്രികോണം

# 34 - Scientific Disciplines

| | | | | | | | | | | | | | |
|---|---|---|---|---|---|---|---|---|---|---|---|---|---|
| ഭ | ◌ൗ | ത | ◌ി | ക | ശ | ◌ാ | സ | ◌് | ത | ◌് | ര | ◌ം | മ |
| സ | ◌ോ | ഷ | ◌് | യ | ◌ോ | ള | ജ | ◌ി | ഡ | ച | ഉ | ര | ◌െ |
| ഇ | മ | ◌് | മ | ◌് | യ | ◌ൂ | ണ | ◌ോ | ള | ജ | ◌ി | ◌ം | ക |
| ണ | ജ | ◌ീ | വ | ശ | ◌ാ | സ | ◌് | ത | ◌് | ര | ◌ം | ത | ◌് |
| മ | ന | ◌ഃ | ശ | ◌ാ | സ | ◌് | ത | ◌് | ര | ◌ം | സ | ◌് | ക |
| പ | ശ | ത | ജ | മ | ◌ി | ട | ട | ◌് | ◌ാ | ന | അ | ◌് | ◌ാ |
| ണ | ◌െ | ര | ഫ | ജ | ◌ി | ള | റ | ◌ോ | യ | ◌ൂ | ◌് | ന | ന |
| ന | ഏ | ത | ◌ീ | ഏ | ള | ന | ൻ | ല | ഗ | ൽ | ശ | ത | ◌ി |
| ഷ | ഹ | ല | ◌ു | ര | പ | ര | റ | സ | ഗ | ഹ | ത | സ | ക |
| ഉ | ഹ | സ | ജ | വ | ഘ | ല | ൾ | ◌ോ | ശ | ള | ന | ര | ◌് |
| ഫ | ശ | ആ | ര | ഷ | ◌ാ | ട | ര | ണ | ള | ത | ക | ജ | സ |
| ൽ | സ | ഉ | ക | വ | വ | യ | ന | ങ | ഏ | ജ | ട | ഡ | ◌് |
| ങ | ക | ര | ◌ം | ത | ◌് | സ | ◌് | ശ | ◌ാ | മ | ◌ി | ◌ൂ | ഭ |
| ഷ | ട | പ | ക | ന | പ | ◌ോ | ഷ | ക | ◌ാ | ഹ | ◌ാ | ര | ◌ം |

അനാട്ടമി
പൊതുവായ
ജീവശാസ്ത്രം
രസതന്ത്രം
ശരീരഘടന
ഭൂമിശാസ്ത്രം
ഇമ്മ്യൂണോളജി
മെക്കാനിക്സ്
മിനറോളജി
ന്യൂറോളജി
പോഷകാഹാരം
മനഃശാസ്ത്രം
സോഷ്യോളജി
ഭൗതികശാസ്ത്രം

# 35 - Science

| | | | | | | | | | | | | | |
|---|---|---|---|---|---|---|---|---|---|---|---|---|---|
| ത | ഗ | ല | ഫ | ഗ | പ | ഡ | ര | ൽ | ട | ന | ൽ | ക | സ |
| ന | ണ | ബ | ഡ | ള | ◌് | ര | ◌ാ | ച | ണ | എ | ര | ◌െ | സ |
| ◌് | ഗഃ | ◌്ര | ദ | ള | ഫ | ര | ◌ി | റ | ഡ | ന | വ | മ | ◌് |
| മ | ഡ | റ | ൾ | ജ | ജ | ഫ | ◌ാ | ണ | ◌് | ച | ട | ◌ി | യ |
| ◌ാ | ക | ട | ആ | ങ | ദ | ◌ി | ല | വ | ◌ാ | റ | ഴ | ക | ങ |
| ത | ട | ◌് | ത | ഴ | ൽ | സ | ണ | ണ | ◌ി | മ | ക | ◌് | ◌് |
| ◌് | ൾ | ട | ൾ | ഹ | ത | ◌ി | ◌ീ | ര | ആ | റ | ◌ം | ക | ങ |
| ര | ത | റ | എ | ൾ | ൾ | ക | ക | ◌ി | ണ | ക | ◌് | ൽ | ൾ |
| ക | ◌ി | ◌ി | ൾ | ക | ക | ◌് | ത | ◌ു | ◌ാ | ധ | വ | റ | ഴ |
| ൾ | ക | ജ | ഹ | ണ | ൽ | സ | ◌ിഃ | ◌്ര | ഫ | ജ | സ | ആ | ◌ി |
| സ | ◌ൃ | ട | ഖ | ൻ | ൽ | ◌് | സ | ട | അ | ആ | ◌് | റ | ഷ |
| പ | ര | ◌ീ | ക | ◌് | ഷ | ണ | ◌ം | ല | ര | ക | ത | ◌് | സ |
| ശ | ◌് | ക | ◌ാ | ല | ◌ാ | വ | സ | ◌് | ഥ | ഴ | ◌ു | റ | ല |
| അ | പ | ന | ◌ി | ര | ◌ീ | ക | ◌് | ഷ | ണ | ◌ം | ത | ◌ം | സ |

ആറ്റം
കെമിക്കൽ
കാലാവസ്ഥ
ഡാറ്റ
പരിണാമം
പരീക്ഷണം
വസ്തുത
ഫോസിൽ
ഗ്രാവിറ്റി
ലബോറട്ടറി
രീതി
ധാതുക്കൾ
തന്മാത്രകൾ
പ്രകൃതി
നിരീക്ഷണം
കണികകൾ
ഫിസിക്സ്
സസ്യങ്ങൾ

# 36 - Clothes

പ ാ ൈ ജ ◌ാ മ സ ◌് ച സ സ ബ ൻ ആ ന
ക ട ങ സ ശ ര ത ◌െ ◌ഃ ◌്ര ◌് ◌് ച ഭ ◌െ
ക ◌ഃ ◌്ര ട ◌് ട ◌് ണ ര ക ക ര ല ര ക
സ ബ ◌് ൻ ണ ട ങ ◌ു ◌് ◌ാ ◌േ ബ ണ ◌്
ഗ ണ ◌് ◌ീ ര ജ ള പ സ ർ സ ◌െ ങ ല
ഴ എ ട ജ ധ ള പ ◌് ◌് ഫ ◌് ൽ ◌് ◌േ
ഫ ഖ ർ ആ ◌ാ ഗ ◌ി പ ഹ ◌് ല റ ങ സ
ക ◌ാ ഷ അ ര ക പ ◌് എ ണ ◌െ ◌് ൾ ◌്
ച പ ഷ ന ത ജ ◌് സ ണ ട റ റ ട സ
ൻ ◌ാ ജ ൻ ◌് ൽ ◌ാ ◌്ര ക ച ഷ ◌് ◌് ആ ന
ഫ വ ഡ പ ◌് ൾ ത സ റ ◌ൂ റ ബ ൽ ള
ഴ ◌ാ ച ട സ ഷ ക ശ സ ◌് ◌് ഹ ത ത
സ ട ഡ സ വ ◌് ◌ാ ന ക ള റ ത ജ വ
ഡ ഫ ച ന ബ ◌് ല ◌ൗ സ ◌് ഉ ◌് യ എ

ബെൽറ്റ്
ബ്ലൗസ്
ബ്രേസ്ലെറ്റ്
കോട്ട്
വസ്ത്രധാരണ
ഫാഷൻ
തൊപ്പി
ജാക്കറ്റ്
ജീൻസ്
ആഭരണങ്ങൾ
നെക്ലേസ്
പൈജാമസ്
നാവ്
ചെരുപ്പ്
സ്കാർഫ്
ഷർട്ട്
ഷൂ
പാവാട
സോക്സ്

# 37 - Ethics

| | | | | | | | | | | | | | |
|---|---|---|---|---|---|---|---|---|---|---|---|---|---|
| ത | വ | ◌ം | ത | ◌് | ത | ◌ി | ക | ◌് | യ | ◌് | വ | സ | ഖ |
| ൽ | ◌ം | ട | ഴ | ന | സ | ഹ | ന | ശ | ക | ◌് | ത | ◌ി | ക |
| ക | ത | ക | ക | അ | യ | ഗ | സ | മ | ഗ | ◌് | ര | ത | ഡ |
| ദ | ◌് | യ | ശ | ആ | ൻ | ത | റ | ◌ി | യ | ല | ◌ി | സ | ◌ം |
| ദ | യ | മ | യ | യ | ര | ള | ന | യ | ഴ | ങ | ഗ | ആ | ണ |
| യ | ഷ | ◌ൂ | മ | ◌ു | ◌ം | പ | മ | ◌് | ക | ◌ു | ന | അ | ര |
| ◌ാ | ◌് | ല | ◌ാ | ജ | ക | ച | യ | ന | ത | ഹ | ഹ | ല | ക |
| ല | ◌ു | ◌് | യ | ◌് | ◌ാ | ◌് | ആ | ഫ | സ | ◌് | ൾ | യ | ഹ |
| ◌ു | ന | യ | യ | ഞ | പ | ച | ത | ണ | ഡ | ശ | ര | ഷ | സ |
| വ | മ | ങ | ◌ാ | ◌ാ | ഃ | ◌ൽ | ഉ | ◌ി | ബ | ഫ | പ | ശ | ഴ |
| ◌ാ | ഷ | ◌് | ◌് | ന | ര | ദ | ച | ഷ | വ | ൻ | ൽ | ച | യ |
| യ | ◌് | ങ | ന | ◌ം | പ | സ | ങ | പ | ഴ | ◌ാ | ണ | സ | എ |
| ൾ | ക | ൾ | അ | ന | ◌് | ത | സ | ◌് | സ | ◌് | ദ | ൾ | ആ |
| സ | ത | ◌് | യ | സ | ന | ◌് | ധ | ത | ല | ശ | ഴ | ◌ം | ബ |

പരോപകാരം
ദയാലുവായ
അനുകമ്പ
സഹകരണം
അന്തസ്സ്
നയതന്ത്ര
സത്യസന്ധത
മനുഷ്യത്വം
വ്യക്തിത്വം
സമഗ്രത
ദയ
ക്ഷമ
യുക്തിവാദം
റിയലിസം
ന്യായമായ
സഹനശക്തി
മൂല്യങ്ങൾ
ജ്ഞാനം

# 38 - Astronomy

| | | | | | | | | | | | | | |
|---|---|---|---|---|---|---|---|---|---|---|---|---|---|
| ഒ | ബ | ◌് | സ | ർ | വ | ◌േ | റ | ◌് | റ | റ | ◌ി | ങ | ഇ |
| സ | ഹ | ജ | ◌ി | സ | ള | ഖ | ആ | ല | ക | ൽ | ആ | ണ | ക |
| ◌്ര | ഹ | ഡ | ക | ച | ◌ൂ | ട | ൽ | ഗ | ◌് | ര | ഹ | ◌ം | ◌് |
| ള | ◌ം | സ | ◌് | ച | സ | പ | ള | ൾ | ക | ഗ | ച | ര | വ |
| ◌ാ | ര | ◌് | ല | ദ | ശ | ത | ◌് | ഹ | ൽ | ഖ | അ | ക | ◌ി |
| ർ | ഗ | മ | ◌ാ | ഭ | ◌ൂ | മ | ◌ി | പ | ഉ | ത | ൽ | ◌ി | ന |
| ച | ◌് | ◌്ര | ഗ | ൾ | ന | ഡ | ല | ഡ | ർ | ള | ഡ | ◌ി | ◌്ര |
| ◌ം | ന | സ | എ | ഹ | ന | ◌െ | ബ | ◌ു | ല | ന | യ | വ | ക |
| ഞ | ന | ◌് | ഉ | ശ | ◌ം | ◌ാ | ക | ആ | ല | ൾ | ◌്ര | ണ | ◌് |
| ◌് | ◌് | ◌്ര | ദ | എ | ഖ | ര | ട | ദ | ങ | ങ | ട | വ | സ |
| പ | ◌ി | ക | ഹ | ◌് | ത | ഗ | ◌് | ര | ഹ | ണ | ◌ം | അ | ◌് |
| ര | ഛ | ള | ൽ | ച | ര | ബ | ഴ | ഗ | ദ | പ | ഖ | ഹ | ള |
| ◌് | ല | അ | ൾ | ന | ൾ | ൻ | ആ | ഹ | പ | ഹ | ഖ | വ | സ |
| പ | റ | ◌്ര | ക | ◌് | ക | റ | ◌് | റ | ◌് | ഉ | വ | എ | ഡ |

ഛിന്നഗ്രഹം
കോസ്മോസ്
ഭൂമി
ഗ്രഹണം
ഇക്വിനോക്സ്
ഗാലക്സി
ഉൽക്ക
ചന്ദ്രൻ
നെബുല
ഒബ്സർവേറ്ററി
ഗ്രഹം
വികിരണം
റോക്കറ്റ്
ഉപഗ്രഹം
ആകാശം
സോളാർ
സൂപ്പർനോവ
പ്രപഞ്ചം

# 39 - Health and Wellness #2

| | | | | | | | | | | | | | |
|---|---|---|---|---|---|---|---|---|---|---|---|---|---|
| വ | ◌ി | ശ | പ | ◌് | പ | ◌് | പ | ൻ | ഭ | ള | ദ | ജ | ജ |
| വ | ഗ | ഷ | എ | ര | ഹ | ൽ | ◌്ര | ത | ◌ാ | ന | ങ | ന | ◌ീ |
| ശ | ഷ | ബ | ൻ | യ | ൻ | ശ | ഷ | ണ | ര | വ | പ | ◌ി | വ |
| അ | ◌ു | ക | ല | ട | ക | ഉ | ക | ര | ◌ം | ഉ | വ | ത | ക |
| ന | ങ | ച | ജ | ങ | ൽ | ണ | ◌ാ | ◌ി | ◌്ര | ല | യ | ക | ◌ം |
| ◌ാ | അ | വ | ◌ി | ഴ | ജ | ൾ | ഹ | ത | പ | ഗ | ദ | ശ | പ |
| ട | ണ | ൻ | അ | ത | ◌ം | ണ | ◌ാ | ◌് | ട | എ | ◌ം | ◌ാ | ഴ |
| ◌് | ◌ു | ബ | ത | ◌ം | ◌് | ക | ര | പ | ന | ഡ | ദ | സ | ള |
| ട | ബ | അ | ല | വ | ര | വ | ◌ം | ◌ു | ള | ള | ◌് | ◌് | ഴ |
| മ | ◌ാ | ല | ക | ങ | ഊ | ത | ◌ം | ശ | ജ | ര | ർ | ത | സ |
| ◌ി | ധ | ർ | ൾ | ല | ഴ | ഗ | ഴ | ആ | ജ | ച | മ | ◌് | ഫ |
| ബ | ന | ജ | അ | ഗ | ◌്ര | മ | സ | ◌ാ | ജ | ◌് | ◌് | ര | ജ |
| ശ | ണ | ◌ി | ത | ത | സ | റ | എ | ഫ | ഗ | ര | മ | ◌ം | ശ |
| ല | ഡ | യ | റ | ◌് | റ | ◌് | ◌ി | എ | ഗ | ദ | സ | എ | യ |

അലർജി
അനാട്ടമി
വിശപ്പ്
രക്തം
കലോറി
ഡയറ്റ്
രോഗം
ഊർജം
ജനിതകശാസ്ത്രം
ആശുപത്രി
ശുചിത്വം
അണുബാധ
മസാജ്
പോഷകാഹാരം
സമ്മർദ്ദം
ജീവകം
ഭാരം

# 40 - Time

| | | | | | | | | | | | | | |
|---|---|---|---|---|---|---|---|---|---|---|---|---|---|
| ട | വ | ഹ | മ | ഭ | ത | സ | ഫ | ന | ഉ | ൽ | മ | ക | ര |
| ൻ | ഴ | ന | ണ | ◌ാ | ൻ | ◌െ | ച | ◌ൂ | ട | ആ | ◌ു | ◌് | ◌ാ |
| ജ | വ | ജ | ◌ി | വ | ട | ൾ | ത | റ | ൻ | അ | മ | ല | വ |
| ണ | ഹ | ഫ | ക | ◌ി | ൾ | പ | ◌ോ | ◌് | പ | ഇ | ◌് | ◌ോ | ◌ി |
| റ | ◌് | റ | ◌് | ന | ◌ി | ◌ി | മ | റ | ര | ദ | പ | ക | ല |
| ന | ത | ഹ | ക | ഗ | വ | ഗ | ന | ◌ാ | ഇ | ◌േ | ◌് | ◌് | ◌െ |
| അ | സ | ക | ◌ൂ | ൻ | ർ | സ | എ | ണ | സ | ന | ന | ക | ര |
| ശ | ൻ | ട | ർ | ള | ഷ | അ | ങ | ◌് | ൾ | പ | ◌് | ◌് | ക |
| സ | ◌ം | വ | ◌ി | ദ | ◌ം | ഹ | ഗ | ട | എ | ണ | ശ | ന | ച |
| ഉ | ◌ം | ഹ | ച | ശ | ജ | ര | ഴ | ◌് | ആ | ഴ | ◌് | ച | ◌് |
| ഷ | ൽ | ◌ാ | ഉ | ക | ശ | ര | ◌ാ | ത | ◌് | ര | ◌ി | ആ | പ |
| ണ | ഖ | ച | മ | ◌ം | ക | ല | ണ | ◌് | ട | ർ | ച | ഡ | എ |
| ഉ | ച | ◌് | ച | യ | ◌് | ക | ◌് | ക | ◌് | ൽ | യ | ഉ | ദ |
| വ | ◌ാ | ർ | ഷ | ◌ി | ക | ക | ആ | ത | ര | ത | അ | ൻ | ൻ |

വാർഷിക
മുമ്പ്
കലണ്ടർ
നൂറ്റാണ്ട്
ക്ലോക്ക്
ദിവസം
ദശകം
നേരത്തെ
ഭാവി
മണിക്കൂർ
മിനിറ്റ്
മാസം
രാവിലെ
രാത്രി
ഉച്ചയ്ക്ക്
ഇപ്പോൾ
ഉടൻ
ഇന്ന്
ആഴ്ച
വർഷം

# 41 - Buildings

| | | | | | | | | | | | | | |
|---|---|---|---|---|---|---|---|---|---|---|---|---|---|
| ള | ൻ | ക | യ | ◌ം | ല | യ | ◌ാ | ദ | ◌് | ◌ി | വ | ക | സ |
| ൻ | ക | ഫ | ള | യ | ശ | ബ | ഏ | ◌ം | ബ | സ | ◌ി | ക | യ |
| ന | ◌ാ | ഫ | ര | പ | ബ | ഏ | ◌ൈ | ട | വ | ർ | ൻ | ശ | ൻ |
| യ | ബ | ഹ | ദ | ഷ | ◌് | ൽ | റ | റ | ◌് | സ | ◌് | ◌ൈ | ഹ |
| ഴ | ◌ി | ഉ | ◌ൈ | ഏ | ട | പ | ര | ◌ം | ട | ◌ാ | ◌ൂ | ക | ല |
| ത | ൻ | ഴ | ൾ | ട | ൻ | ഗ | ◌ു | പ | ട | ◌് | ◌ീ | വ | ട |
| ◌ി | ക | ര | ണ | ൻ | ◌് | ബ | ര | ര | ◌് | ജ | ട | ണ | മ |
| യ | ച | ◌ി | ഫ | ◌ാ | ◌ം | ട | ഷ | ബ | ◌ൈ | അ | ഡ | റ | ന |
| ◌േ | ന | ത | ൽ | ശ | സ | ല | ൽ | ല | ക | ക | ത | ◌ി | ◌ി |
| റ | സ | ◌് | റ | ◌് | റ | ◌േ | ഡ | ◌ി | യ | ◌ം | ആ | ട | ◌ി |
| ◌് | ള | പ | ഗ | ◌ാ | ര | ◌േ | ജ | ◌് | ഴ | ഹ | ജ | ക | സ |
| റ | ബ | ◌ു | ഖ | ഷ | ള | യ | ◌ം | സ | ◌ി | യ | ◌ൂ | ◌് | മ |
| ർ | ഖ | ശ | ശ | അ | യ | ഫ | ദ | ക | ബ | ദ | അ | ◌ാ | ഡ |
| ത | ജ | ആ | ഹ | ശ | പ | ള | ഷ | ഴ | പ | ള | ര | ഫ | ഫ |

കളപ്പുര
കാബിൻ
കോട്ട
സിനിമ
എംബസി
ഫാക്ടറി
ഫാം
ഗാരേജ്
ആശുപത്രി
ഹോസ്റ്റൽ
ഹോട്ടൽ
വീട്
ലബോറട്ടറി
മ്യൂസിയം
വിദ്യാലയം
സ്റ്റേഡിയം
കൂടാരം
തിയേറ്റർ
ടവർ

# 42 - Gardening

| | | | | | | | | | | | | | |
|---|---|---|---|---|---|---|---|---|---|---|---|---|---|
| ഭ | ള | ഥ | ത | ൾ | മ | ക | പ | ൽ | ണ | സ | ◌ീ | സ | എ |
| ബ | ക | സ | ആ | ള | ണ | മ | ◌ൂ | സ | ല | സ | ദ | ള | ക |
| ഖ | ഉ | ◌് | പ | ◌ം | ◌് | ◌് | ച | ◌് | ൽ | ◌് | എ | ശ | ◌് |
| സ | ൻ | വ | ഷ | ള | ണ | പ | ◌് | പ | ക | യ | ൻ | പ | സ |
| ഫ | പ | ല | ◌് | ◌് | ◌് | ◌ോ | ച | ◌ീ | ക | ജ | ച | അ | ◌ോ |
| യ | ൻ | ◌ാ | ◌ു | ◌െ | യ | സ | ◌െ | ഷ | ◌് | ◌ാ | വ | ഴ | ട |
| ൾ | വ | ◌ാ | പ | വ | ഫ | ◌് | ണ | ◌ീ | ണ | ല | ◌ി | ◌ു | ◌് |
| ഷ | ള | ക | എ | ഗ | ഗ | റ | ◌് | സ | ◌ി | ങ | ത | ക | ട |
| ത | ◌ോ | ട | ◌് | ട | ◌ം | ◌് | ട | ◌് | ട | ◌് | ◌് | ◌് | ◌ി |
| ഈ | ർ | പ | ◌് | പ | ◌ം | റ | ◌് | ള | ◌ാ | ങ | ത | ക | ക |
| ക | ദ | ത | ല | ൾ | ഡ | ◌് | ക | സ | ട | ള | ◌ു | ◌് | ◌് |
| ഗ | ങ | ദ | സ | ച | ര | ഹ | ◌ോ | സ | ◌് | ◌ി | ക | ഗ | എ |
| പ | ◌ു | ഷ | ◌് | പ | ◌ം | സ | ത | യ | ◌ോ | ൽ | ൾ | ത | ക |
| ക | ണ | ◌് | ട | ◌െ | യ | ◌് | ന | ർ | ബ | ഇ | ല | പ | ക |

പുഷ്പം
ബൊട്ടാണിക്കൽ
പൂച്ചെണ്ട്
കാലാവസ്ഥ
കമ്പോസ്റ്റ്
കണ്ടെയ്നർ
അഴുക്ക്
ഭക്ഷ്യ
എക്സോട്ടിക്
പുഷ്പ
സസ്യജാലങ്ങളിൽ
ഹോസ്
ഇല
ഈർപ്പം
തോട്ടം
സീസണൽ
വിത്തുകൾ
മണ്ണ്
സ്പീഷീസ്
വെള്ളം

# 43 - Herbalism

| | | | | | | | | | | | | | |
|---|---|---|---|---|---|---|---|---|---|---|---|---|---|
| റ | പ | ◌ാ | ച | ക | പ | ച | ◌് | ച | ഡ | പ | ങ | ഉ | ആ |
| എ | ◌ഃ | ◌്ര | ഫ | ൻ | ള | ആ | ർ | ഡ | ൻ | വ | ◌െ | ◌ാ | ല | ര |
| ഴ | വ | സ | യ | ര | ഷ | ൻ | ഗ | ആ | ശ | ര | വ | ക | ◌ാ |
| ട | ◌ം | ട | ◌് | ◌ഃ | ◌്ര | ത | ര | ◌ു | ര | ശ | ◌ു | ◌െ | ◌ു | ണ |
| പ | ◌ൂ | വ | ◌് | മ | ള | സ | ണ | ◌ഃ | ◌്ര | പ | ◌ം | ള | ങ | ◌ാ |
| ങ | ര | ൾ | ഗ | ഖ | ◌േ | ◌ം | ◌ം | മ | ത | ജ | ◌ു | ◌് | വ |
| ന | ◌് | ഗ | ◌്ര | ര | ◌് | ര | ത | ◌ാ | ഹ | ◌ീ | ത | ക | ◌ഃ | ◌്ര |
| ഗ | ന | ങ | ന | ◌ഃ | ◌്ര | ഗ | ◌ാ | ◌ി | റ | ഒ | ര | ◌് | ◌ു | പ |
| പ | ◌് | ല | ◌ാ | ന | ◌് | റ | ◌് | ◌് | ൻ | ക | ത | മ | ◌ു |
| ബ | ദ | ഗ | എ | ശ | ആ | ആ | ഫ | റ | ആ | ◌ം | ◌ു | ◌ം | ത |
| ◌േ | ള | ജ | ല | ബ | ഷ | ള | അ | ◌ി | ൻ | ന | ള | ക | ◌ി |
| സ | ഫ | ബ | ഉ | ച | ൽ | എ | ട | ക | പ | ജ | ◌് | ട | ന |
| ◌ി | ട | ഹ | മ | ◌് | ര | ജ | ◌്ര | ◌് | ര | മ | ള | ഘ | ല |
| ൽ | വ | ഉ | ആ | ന | ണ | ട | എ | ബ | ഡ | എ | ◌ി | ത | ഫ |

ആരോമാറ്റിക്
ബേസിൽ
ഗുണം
പാചക
പെരുംജീരകം
രസം
പൂവ്
തോട്ടം
വെളുത്തുള്ളി
പച്ച
ഘടകം
ലാവെൻഡർ
മര്ജൊരമ്
പുതിന
ഒറിഗാനോ
ആരാണാവോ
പ്ലാന്റ്
റോസ്മേരി
കുങ്കുമം
തര്രഗൊന്

# 44 - Vehicles

| | | | | | | | | | | | | | |
|---|---|---|---|---|---|---|---|---|---|---|---|---|---|
| സ | ത | ഉ | സ | ഗ | ഷ | അ | യ | ഹ | ര | ണ | ല | ഴ | ആ |
| ൈ | ച | എ | ദ | ഡ | അ | ന | യ | ◌െ | ക | ◌ാ | ര | വ | ൻ |
| ക | ക | ◌് | ക | ◌് | ര | ◌് | ട | ല | ക | ഫ | ൾ | എ | സ |
| ◌് | ന | ദ | റ | ള | വ | ത | ൾ | ◌ി | ദ | ◌ാ | ഡ | ഞ | ◌് |
| ക | സ | ബ | ◌് | വ | ◌േ | ർ | ട | ക | അ | എ | ർ | ◌് | ക |
| ◌ി | വ | ച | റ | സ | ത | വ | ◌് | [illegible] | ◌ു | ഗ | എ | ച | ◌ൂ |
| ൾ | ◌ി | ങ | ◌് | ഫ | ബ | ◌ാ | ര | പ | ര | റ | ള | ◌ി | ട |
| ണ | മ | ◌് | ക | ഗ | ത | ഹ | ◌ാ | ◌് | വ | ങ | യ | ൻ | ◌് |
| ങ | ◌ാ | ങ | ക | എ | ത | ◌ി | ക | റ | ള | ദ | ണ | ട | ട |
| ട | ന | ◌ാ | ◌് | ശ | പ | ന | ◌് | ◌് | ◌് | ഉ | പ | ഫ | ർ |
| ഫ | ◌ം | ട | [illegible] | ഖ | ജ | ◌ി | ട | റ | ള | ഗ | ച | ന | ട |
| ൾ | ല | ◌ം | റ | ◌ി | ◌െ | ഫ | ർ | ർ | ◌ം | എ | ട | ഡ | ബ |
| ഴ | ഷ | ട | ശ | മ | [illegible] | ട | ◌് | ട | [illegible] | ർ | ഖ | അ | അ |
| ആ | ◌ം | ബ | ◌ു | ല | ൻ | സ | ◌് | ട | ◌ാ | ക | ◌് | സ | ◌ി |

വിമാനം
ആംബുലൻസ്
സൈക്കിൾ
വള്ളം
ബസ്
കാർ
കാരവൻ
എഞ്ചിൻ
ഫെറി
ഹെലികോപ്റ്റർ

മോട്ടോർ
ചങ്ങാടം
റോക്കറ്റ്
സ്കൂട്ടർ
അന്തർവാഹിനി
സബ്വേ
ടാക്സി
ടയറുകൾ
ട്രാക്ടർ
ട്രക്ക്

# 45 - Flowers

ല ൾ ത ശ ങ ല യ ന ൻ ണ ഡ ങ ള ൻ
◌ി പ സ ◌ൂ ര ◌് യ ക ◌ാ ന ◌് ത ◌ി പ
ല ഡ ◌ാ ഖ ര ജ ഡ ക ഞ ജ ക ര പ ◌ി
◌് സ പ ഷ യ പ ര ങ യ സ ◌ി ഷ സ പ
ല ഡ ◌് ഇ ൻ ഹ ◌ി ബ ◌ി സ ◌് ക സ ◌്
◌ി ◌െ ലഃ ◌്ര ത ഫ യ അ ഗ ഞ ക ൻ ജഃ ◌്ര
ദ യ ◌ൂ ക റ ള ◌് ഷ ത ഉ ർ ഫ ◌ാ പ
പ ◌് മ ൻ ഡ ദ ◌് ല ദ സ ഓ ഞ സ ഹ
ഫ സ ◌േ ഞ ജ ർ ഡ ൻ വ ◌െ ◌ാ ല ◌് ഉ
ഴ ◌ി ര യ ൾ അ ശ ട ഖ ർ ൻ ഞ മ ല
ൽ ഡ ◌ി ഫഃ ◌്ര ◌ാ ഡ ഫ ല ഹ ഹ ണ ◌ി എ
ജ ഉ യ ന ◌ി ഡ ർ ◌ാ ഗ വ വ ദ ൻ ഴ
പ ച ◌് ച ക ◌് ക റ ◌ി ക ള ◌ു ◌ം ര
മ ഗ ◌് നഃ ◌്ര ള ◌ി യ ത ◌ു ല ◌ി പ ◌്

പച്ചക്കറികളും
ഡാഫോഡിൽ
ഡെയ്സി
ഗാർഡനിയ
ഹിബിസ്കസ്
ജാസ്മിൻ
ലാവെൻഡർ
ലില്ലി
മഗ്നോളിയ
ഓർക്കിഡ്
പാഷൻഫ്ലവർ
ഇതള്
പ്ലൂമേരിയ
പോപ്പി
റോസ്
സൂര്യകാന്തി
തുലിപ്

# 46 - Health and Wellness #1

| | | | | | | | | | | | | | |
|---|---|---|---|---|---|---|---|---|---|---|---|---|---|
| ഹ | റ | ത | ഫ | ള | ൾ | ക | ശ | ◌ി | ◌േ | പ | ട | ഇ | ഖ |
| ◌ഃ | ◌ി | ജ | ശ | ൻ | ക | വ | ◌് | ഖ | എ | എ | സ | ള | ൽ |
| ർ | ഫ | സ | ങ | ഫ | പ | ◌ി | വ | ല | ഹ | ഖ | ത | വ | ട |
| മ | ◌് | സ | ച | ഡ | ◌ു | ശ | ◌ാ | ◌ി | ◌ി | ഴ | ◌് | ◌് | ന |
| ◌ഃ | ല | ജ | ഫ | ഉ | ◌് | പ | റ | ◌ാ | ല | ന | ക | ട | ർ |
| ണ | ◌െ | ◌ീ | ◌ാ | യ | മ | ◌് | സ | ത | എ | ◌് | ◌ി | സ | ട |
| ◌ു | ക | വ | ർ | ര | ര | പ | ◌് | ഖ | ട | ന | ◌ി | ക | ക |
| ക | ◌് | ◌ം | മ | ◌ം | ഞ | ◌് | അ | ഉ | ജ | ◌് | ച | സ | ◌് |
| ൾ | സ | എ | സ | ഒ | ട | ◌ി | വ | ◌് | ആ | ◌ു | ക | സ | ◌ഃ |
| വ | ◌് | ല | ◌ി | ബ | ◌ാ | ക | ◌് | ട | ◌ീ | ര | ◌ി | യ | ഡ |
| ൾ | ട | ശ | ◌ീ | ല | ◌ം | ഡ | ശ | ര | ൽ | മ | ൾ | ഖ | എ |
| അ | സ | ◌് | ഥ | ◌ി | ക | ൾ | വ | ഴ | ഷ | വ | ള | എ | സ |
| ത | ◌െ | റ | ◌ാ | പ | ◌് | പ | ◌ി | ക | ഴ | ശ | യ | ഫ | ങ |
| ഖ | എ | ര | ൾ | ഗ | ജ | ള | ൾ | ബ | ബ | ള | ദ | ത | ന |

സജീവം
ബാക്ടീരിയ
അസ്ഥികൾ
ക്ലിനിക്
ഡോക്ടർ
ഒടിവ്
ശീലം
ഉയരം
ഹോർമോണുകൾ
വിശപ്പ്
മരുന്ന്
പേശികൾ
ഞരമ്പുകൾ
ഫാർമസി
റിഫ്ലെക്സ്
ഇളവ്
തൊലി
തെറാപ്പി
ചികിത്സ
വൈറസ്

# 47 - Town

| | | | | | | | | | | | | | |
|---|---|---|---|---|---|---|---|---|---|---|---|---|---|
| ഹ | ഡ | പ | ക | ◌് | ല | ◌ി | ന | ◌ി | ക | ◌് | ബ | റ | വ |
| ദ | ഃ◌( | ദ | ◌ു | ത | ◌ി | യ | ◌േ | റ | ◌് | റ | ർ | ◌െ | ◌ി |
| ട | ജ | ട | ഗ | സ | ച | ശ | ന | ങ | ണ | ഗ | ൻ | സ | ദ |
| ജ | ങ | ഴ | ◌് | പ | ◌് | ര | ൻ | ക | ൾ | ക | ഡ | ◌് | ◌് |
| ബ | ല | ന | ഏ | ട | ൻ | ത | സ | ഹ | ഫ | ഴ | യ | റ | യ |
| ◌ാ | ബ | ങ | ഡ | ൻ | ൽ | ബ | ക | ല | ഷ | വ | ഫ | ◌് | ◌ാ |
| ങ | ബ | ◌േ | ക | ◌് | ക | റ | ◌ി | ശ | ◌ൂ | ര | ◌ാ | റ | ല |
| ◌് | മ | ◌് | യ | ◌ൂ | സ | ◌ി | യ | ◌ം | ◌ാ | ൺ | ർ | ഃ◌( | യ |
| ക | ത | ല | ഉ | ഏ | വ | ◌ി | പ | ണ | ◌ി | ല | മ | റ | ◌ം |
| ◌് | യ | വ | ങ | ല | ശ | ◌ാ | ഗ | ◌ൃ | മ | ണ | സ | ന | ഉ |
| ല | ◌ൈ | ബ | ◌് | ര | റ | ◌ി | ◌ാ | ൾ | ച | ഗ | ◌ി | ◌് | യ |
| സ | ◌ി | ന | ◌ി | മ | ഴ | ക | ല | ൾ | ല | ക | ള | റ | ത |
| ല | ഹ | ഗ | ഈ | ഫ | യ | ട | റ | ബ | ൽ | ഷ | ഗ | ◌് | ച |
| യ | സ | അ | ൻ | യ | ◌ം | ഡ | ◌ി | റ | ◌േ | റ | ◌് | ◌് | സ |

ബേക്കറി
ബാങ്ക്
പുസ്തകശാല
സിനിമ
ക്ലിനിക്
സലൂൺ
ഗാലറി
ഹോട്ടൽ
ലൈബ്രറി
വിപണി
മ്യൂസിയം
ഫാർമസി
റെസ്റ്റോറന്റ്
വിദ്യാലയം
സ്റ്റേഡിയം
കട
തിയേറ്റർ
മൃഗശാല

# 48 - Antarctica

ഡ ന ◌ി മ ◌ാ ◌ി ഹ ബ ന ഖ ക ൾ ര ന
ച ◌ം ഹ ഐ സ ഷ ൽ ട ക ◌് ക ൾ ഉ
ൽ ബ ണ ഗ ല വ ള ത ഥ ങ സ ന ര ജ
ൾ ങ ങ ◌് ഘ ◌േ മ സ ◌ാ ഹ ഫ ◌ി ജ ത
ആ ട ഥ ര ഖ ൻ ണ ൾ ആ പ എ മ ന ഖ
ര ഖ യ ◌േ ഹ ◌ൂ ഡ ക എ ത ന ◌ാ ല റ
ഉ ക വ ഷ ങ ജ ഭ പ ഡ ണ ഖ ◌ി ശഃ ◌ാ
ഡ ങ ആ ൻ ഹ വ ദ ◌ു ജ ◌ം ജ ഹ ല ക
ഷ ല ജ ൻ ക ഷ ◌േ വ ഗ ഷ ട ച ആ ◌്
ൻ ഉ ങ ള ശ ൽ ണ ◌ീ ഴ ക അ ബ ഡ ക
ഭ ◌ൂ മ ◌ി ശ ◌ാ സ ◌് ത ◌് ര ◌ം ◌േ ◌ി
പ ക ◌് ഷ ◌ി ക ൾ ദ അ ര ഗ എ ജ ൽ
പ ര ◌് യ വ ◌േ ഷ ണ ◌ം ◌ം ങ സ ഡ എ
ള ക ശ ഴ ബ ത ◌ി ഥ ◌ി സ ◌് ◌ി ര പ

ബേ
പക്ഷികൾ
മേഘങ്ങൾ
സംരക്ഷണം
ഭൂഖണ്ഡം
ഉൾക്കടൽ
പരിസ്ഥിതി
പര്യവേഷണം
ഭൂമിശാസ്ത്രം
ഹിമാനികൾ
ഐസ്
ദ്വീപുകൾ
മൈഗ്രേഷൻ
ഹിമാനി
ഗവേഷകൻ
റോക്കി
താപനില

# 49 - Fashion

ച മ ട ബ ഒ ട ഗ ര ട ഖ അ ങ ഗ ൽ
ച ◌ാ െ◌ ◌ഃ ◌( റ ട ◌് ര െ◌ ൻ ഡ ◌് ൻ പ
ഫ ത ക ട ◌ി ന സ ജ ൽ ഴ ല ഫ ഹ ഡ
◌ാ ◌ൃ ◌് ◌് ജ ബ ങ ട ങ ത ച ത ൾ ച
ബ ക സ ട ◌ി എ ൾ ക ണ ◌ു ട ◌് ട ബ
◌് ണ ◌് ◌ി ന ശ ള ന ട ഗ സ ത ശ ല
ര ണ ച ക ൽ ക ഗ ◌ി യ ◌ഃ ◌( ര ◌ാ ◌് പ
◌ി ദ ർ ◌് ദ ത ആ ◌ു മ ഉ ല ട ര യ
ക ജ ല ഷ ശ ഷ ര ധ ക യ ള അ ◌ം മ
◌് ട ആ ന ഷ ജ ഴ ആ ഷ ശ ◌ു ന ത ◌ാ
ഫ ശ ◌ാ െ◌ ല ◌ി അ ള വ ◌ു ക ൾ ള ◌് ത
സ ◌ു ഖ പ ◌് ര ദ മ ◌ാ യ ച ന ◌് ◌ി
ച െ◌ ല വ േ◌ റ ◌ി യ ല ൽ ഹ ◌ാ സ ള
ത ◌ാ ങ ◌് ങ ◌ാ വ ◌ു ന ◌് ന ട വ ല

താങ്ങാവുന്ന
ബോട്ടിക്
ബട്ടണുകൾ
വസ്ത്രം
സുഖപ്രദമായ
ത്ത
ചെലവേറിയ
ഫാബ്രിക്
നാട
അളവുകൾ
ലളിതമായ
ആധുനിക
എളിമയുള്ള
ഒറിജിനൽ
മാതൃക
പ്രായോഗിക
ശൈലി
ടെക്സ്ചർ
ട്രെൻഡ്

# 50 - Human Body

| | | | | | | | | | | | | | |
|---|---|---|---|---|---|---|---|---|---|---|---|---|---|
| ച | ക | ഴ | ദ | ത | ച | ത | ള | ാെ | ര | ര | വ | വ | അ |
| െ◌ | ണ | സ | ത | ച | ച | ◌ി | പ | ൻ | ക | വ | ◌ാ | യ | ണ |
| വ | ങ | ഷ | ള | വ | ല | ത | ൻ | ഫ | ◌് | ഗ | ഷ | ൾ | യ |
| ◌ി | ◌് | ങ | അ | ക | ◌ി | ◌് | ണ | ട | ത | ത | ൾ | ട | ◌ി |
| ച | ക | ദ | ങ | ഉ | ാ◌ | െക | ല | യ | ◌ം | ◌േ | ദ | ഷ | ൽ |
| ൻ | ◌ാ | ബ | ക | ഷ | ത | ◌ു | െ◌ | ല | ര | ◌ാ | ച | പ | ര |
| ഖ | ൽ | ര | ത | ത | ട | ട | ഗ | അ | ട | ൾ | അ | ക | ◌ി |
| ബ | ◌ു | ദ | ◌് | ധ | ◌ി | ◌ു | ◌് | ഫ | ◌് | ക | പ | ഖ | വ |
| ബ | ജ | ഫ | ത | പ | സ | ട | യ | ഗ | ട | ഥ | ഫ | ജ | ട |
| ഖ | ജ | യ | ◌് | ഉ | ജ | ◌് | ശ | ള | ◌് | ◌ി | ബ | അ | ഴ |
| മ | ണ | ച | ◌ു | ഖ | ൽ | ◌ു | ന | ന | മ | ◌് | ഖ | ൻ | ട |
| ജ | ◌ു | ഉ | ഴ | ഖ | ങ | മ | ച | ഏ | ◌ു | സ | ആ | ര | ൻ |
| വ | ഴ | ഖ | ക | ഉ | ഷ | ദ | ത | ഗ | ാെ | അ | ഗ | ഏ | ഷ |
| അ | ച | യ | ◌ം | ദ | ◌ൃ | ഹ | മ | ◌ൂ | ക | ◌് | ക | ◌് | ഗ |

കണങ്കാൽ
രക്തം
അസ്ഥികൾ
ബുദ്ധി
ചിൻ
ചെവി
കൈമുട്ട്
മുഖം
വിരൽ
കൈ
തല
ഹൃദയം
അണയിൽ
മുട്ടുകുത്തി
ലെഗ്
വായ
കഴുത്ത്
മൂക്ക്
തോൾ
തൊലി

# 51 - Musical Instruments

| | | | | | | | | | | | | | |
|---|---|---|---|---|---|---|---|---|---|---|---|---|---|
| ട | ച | ത | ബ | പ | ൻ | മ | ൾ | സ | ഹ | ന | ൽ | എ | പ |
| ട | ബ | ◌ാ | സ | ◌ൂ | ൺ | ണ | ന | ◌ോ | യ | ◌ാ | ◌ി | പ | പ |
| ഖ | ◌ാ | ര | ന | ഉ | ൻ | ◌ി | ല | യ | വ | ങ | ർ | ഗ | ഫ |
| എ | ള | ◌ം | ഹ | ആ | ജ | ന | ൽ | സ | യ | ള | റ | പ | യ |
| സ | ള | ◌് | ബ | ഡ | യ | ◌ാ | ട | എ | അ | ത | ◌ാ | വ | ◌് |
| ര | ൽ | ഡ | അ | ◌ൂ | ള | ദ | ക | ങ | എ | ഫ | റ | ൻ | ന |
| ള | ട | ഡ | എ | ഉ | റ | ◌ം | ബ | ഫ | ഡ | ള | ◌് | ഡ | ബ |
| സ | ◌െ | ല | ◌് | ല | ◌ോ | ◌ി | ഹ | ങ | എ | ഡ | ◌ി | ഹ | ◌ാ |
| ത | ◌ം | ബ | ◌ു | ര | ◌ു | ഷ | ൻ | ◌ാ | ര | ആ | ഗ | എ | ൻ |
| ത | ഖ | ൽ | ഴ | ൺ | ഫ | ◌ോ | സ | ◌ോ | ക | ◌് | ◌ാ | സ | ജ |
| ത | ◌ാ | ള | വ | ◌ാ | ദ | ◌് | യ | ◌ം | ഗ | ല | ട | യ | ◌ോ |
| ന | ണ | ഹ | ◌ാ | ർ | മ | ◌ോ | ണ | ◌ി | ക | ◌് | ക | ൽ | ബ |
| ക | ◌് | ല | ◌ാ | ര | ◌ി | ന | ◌െ | റ | ◌് | റ | ◌് | ഗ | ഓ |
| ട | ◌് | ര | ◌ോ | ◌ം | ബ | ◌ോ | ൺ | ര | അ | ങ | ന | ട | യ |

ബാൻജോ
ബാസൂൺ
സെല്ലോ
ക്ലാരിനെറ്റ്
ഡ്രം
തംബുരു
മണിനാദം
ഗിറ്റാർ
ഹാർമോണിക്ക
ഹാർപ്
ഓബോ
താളവാദ്യം
പിയാനോ
സാക്സോഫോൺ
ടാംബൂറിൻ
ട്രോംബോൺ
കാഹളം
വയലിൻ

# 52 - Fruit

| | | | | | | | | | | | | | |
|---|---|---|---|---|---|---|---|---|---|---|---|---|---|
| ആ | റ | പ | റ | വ | ജ | ണ | ന | ള | ൻ | ത | ആ | ആ | പ |
| ക | ◌ി | വ | ◌ി | ◌ാ | ർ | ഖ | ◌ാ | ഷ | ശ | ണ | പ | പ | പ |
| ഴ | ◌െ | ഐ | ◌െ | ഴ | ഖ | യ | ള | ശ | അ | ◌് | ◌് | ◌് | ◌് |
| വ | ച | ക | ബ | പ | ല | അ | ◌ി | ഫ | ഴ | ണ | പ | ര | പ |
| അ | ട | ങ | ങ | ◌് | ◌ാ | മ | ക | പ | ആ | ◌ി | ◌ി | ◌ി | ◌ാ |
| ള | ത | ച | ഫ | പ | ൽ | ക | ◌േ | വ | ര | മ | ൾ | ക | യ |
| ജ | ത | ◌് | ജ | ഴ | ന | ക | ര | ക | ◌ി | ത | റ | ◌് | ട |
| ര | ള | ച | ത | ◌ം | ഡ | ◌ാ | ◌ം | യ | ത | ◌് | ◌ാ | ക | ഉ |
| ഷ | യ | ◌് | ങ | ◌ി | ഫ | ൽ | ര | ല | ◌ി | ത | സ | ◌ഃ | ആ |
| സ | ൻ | ◌ീ | ഫ | ബ | പ | ൾ | വ | ങ | ന | ന | ◌് | ട | ള |
| ശ | ള | പ | ങ | ൻ | ശ | ◌് | അ | ൾ | ◌് | ◌് | ബ | ◌് | ൽ |
| അ | ഗ | ജ | ഡ | ഖ | ഫ | ല | പ | സ | ◌ു | ങ | ◌െ | ട | ഗ |
| പ | ◌േ | ര | യ | ◌് | ക | ◌് | ക | ഴ | മ | ബ | റ | ◌് | ഴ |
| ന | ◌െ | ച | ◌് | ത | ര | ◌ി | ന | ◌െ | ◌ം | ണ | ◌ി | സ | ദ |

ആപ്പിൾ
ആപ്രിക്കോട്ട്
വാഴപ്പഴം
ബെറി
ചെറി
നാളികേരം
അത്തിപ്പഴം
മുന്തിരി
പേരയ്ക്ക
കിവി
നാരങ്ങ
മാങ്ങ
തണ്ണിമത്തന്
നെച്ചരിനെ
പപ്പായ
പീച്ച്
പിയർ
റാസ്ബെറി

# 53 - Virtues #1

ക എ ബ ശ ഷ ര ങ സ ◌് ◌ൈ വ യ യ ദ
◌ാ ള ◌ു ത യ സ ത ഹ ഹ ഉ ര ഉ ഹ ര
ര ◌ി ദ സ മ ഡ അ ◌ാ ള ഉ ങ ള എ ഷ
◌് മ ◌് ◌് ◌ാ ◌ാ ഴ യ ന ദ ര ള ല ക
യ യ ധ വ ര ണ ശ ക ല ന ല ◌് ല ഉ
ക ◌ു ◌ി ത പ സ ശ ര ഖ ങ ര പ ക ദ
◌് ള യ ന ◌ാ ബ ണ മ ന ഡ ല ◌ു ഴ ◌ാ
ഷ ◌് ◌ു ◌് ല പ യ ◌ാ യ ഡ ത പ ആ ര
മ ള ള ത ക ഗ ◌ി യ ◌ഃ്ര ര ◌ാ ◌് പ മ
മ ന ◌് ◌് ന ഡ ദ ൾ ച സ ഗ ട ൻ ◌ാ
◌ാ ച ള ര ഡ ◌ു അ ത ക ണ സ ◌ി ൾ യ
യ മ ◌ാ ര ക ക ത ◌ു ◌ൗ ക ഖ ◌െ ◌ഃ ◌്രൽ
യ മ ◌ാ യ ന ◌ീ സ വ ശ ◌് ◌ി വ ത ര
വ ◌ി ക ◌ാ ര ◌ാ ധ ◌ീ ന മ ◌ാ യ സ ആ

കലാപരമായ
നു
വെടിപ്പുള്ള
കൗതുകകരമായ
കാര്യക്ഷമമായ
തമാശ
ഉദാരമായ
നല്ല
സഹായകരമായ
സ്വതന്ത്ര
ബുദ്ധിയുള്ള
എളിമയുള്ള
വികാരാധീനമായ
രോഗി
പ്രായോഗിക
വിശ്വസനീയമായ
വൈസ്

# 54 - Engineering

| | | | | | | | | | | | | | |
|---|---|---|---|---|---|---|---|---|---|---|---|---|---|
| ന | യ | ന | ◌് | ത | ◌് | ര | ◌ം | ആ | ഴ | ◌ം | ക | ബ | ഹ |
| ക | എ | ഞ | ◌് | ച | ◌ി | ൻ | പ | പ | ശ | എ | ദ | ഖ | ജ |
| വ | ണ | വ | ൻ | ഷ | ൽ | പ | പ | ◌് | ര | ◌ | ◌് | പ | ആ |
| ബ | ◌് | ക | ഘ | ട | ന | ശ | ഗ | യ | ഴ | അ | ര | അ | ഡ |
| ങ | ക | യ | ◌് | ര | വ | ൽ | ഹ | യ | ക | ച | ◌ാ | ച | ച |
| അ | ബ | ങ | ◌ാ | ക | ട | സ | ള | ൻ | ൾ | ൾ | വ | ◌് | ൽ |
| ഷ | ള | ത | ഫ | സ | ◌ു | ല | ഷ | ർ | ട | എ | ക | ച | ൾ |
| ഖ | ച | വ | ച | ട | ◌ം | ക | ട | ട | ണ | ഉ | ഷ | ◌ു | യ |
| വ | വ | ആ | ◌് | പ | എ | എ | ◌ൂ | ഃ◌ | ള | ഗ | ഉ | ത | വ |
| പ | ച | ജ | ഷ | ഉ | ആ | ഡ | എ | ട | ഉ | സ | ച | ണ | ◌ി |
| ശ | ക | ◌് | ത | ◌ി | അ | ◌ീ | എ | ◌് | ◌് | ബ | ജ | ◌് | ത |
| അ | ള | വ | ◌ു | ക | ൾ | സ | ഷ | ഃ◌ | ബ | ട | ൾ | ട | ര |
| ക | ◌േ | ◌ാ | ൺ | ജ | ൻ | ൽ | ത | മ | ആ | ഷ | ൽ | ◌് | ണ |
| ര | ച | ഊ | ര | ◌് | ജ | ◌ം | സ | ◌് | ഥ | ◌ി | ര | ത | ◌ം |

കോൺ
അച്ചുതണ്ട്
കണക്കുകൂട്ടൽ
ആഴം
വ്യാസം
ഡീസൽ
അളവുകൾ
വിതരണം
ഊർജം
എഞ്ചിൻ
ദ്രാവക
യന്ത്രം
അളവ്
മോട്ടോർ
പ്രൊപ്പൽഷൻ
സ്ഥിരത
ശക്തി
ഘടന

# 55 - Government

| | | | | | | | | | | | | | |
|---|---|---|---|---|---|---|---|---|---|---|---|---|---|
| ൻ | ര | ാ | ഷ | ് | ട | ് | ര | ീ | യ | ം | ൾ | ജ | സ |
| സ | മ | ത | ് | വ | ം | ഭ | ര | ണ | ഘ | ട | ന | ആ | ് |
| ന | േ | ത | ാ | വ | ് | എ | ഉ | ള | ഗ | ത | ന | എ | വ |
| വ | സ | ച | ഷ | ആ | ണ | യ | യ | ശ | ജ | ള | ി | അ | ാ |
| ി | ് | ി | അ | യ | പ | മ | ഡ | ച | ട | ഉ | യ | ീ | ത |
| യ | മ | ഹ | ന | ം | ഥ | ാ | സ | ് | ം | സ | മ | ശ | ന |
| ൈ | ്ര | ാ | ് | ല | ത | ഴ | ര | ല | ച | ആ | എ | ം | പ | ് |
| ജ | ര | ന | ൽ | ് | ഖ | പ | ല | ർ | ഗ | ഹ | ഴ | ൗ | ത |
| ി | ക | ം | ഉ | പ | ഹ | ന | ് | ച | ഴ | ക | സ | ര | ് |
| പ | ം | ത | ഗ | ധ | ഗ | ധ | ി | ര | ര | ആ | ക | ത | ര |
| ് | ൽ | വ | ി | ി | സ | ാ | ജ | ശ | സ | ബ | ങ | ് | ് |
| പ | ല | അ | ച | ാ | ൻ | ാ | വ | ജ | അ | ം | ങ | വ | യ |
| ് | ല | ഉ | ങ | ന | ജ | മ | ത | ഗ | ണ | ണ | ഗ | ം | ം |
| ച | ക | ദ | ജ | ജ | അ | സ | ൻ | ട | ഉ | ല | ൾ | ം | ദ |

പൗരത്വം
സിവിൽ
ഭരണഘടന
ജനാധിപത്യം
ചർച്ച
വിയോജിപ്പ്
ജില്ല
സമത്വം
നീതി
നിയമം

നേതാവ്
സ്വാതന്ത്ര്യം
സ്മാരകം
ജാതി
സമാധാനപരമായ
രാഷ്ട്രീയം
പ്രസംഗം
സംസ്ഥാനം
ചിഹ്നം

# 56 - Art Supplies

| | | | | | | | | | | | | | |
|---|---|---|---|---|---|---|---|---|---|---|---|---|---|
| ക | ന | പ | ല | പ | ആ | ക | ള | ◌ി | മ | ണ | ◌് | ണ | ◌് |
| സ | ◌ി | ഗ | ൻ | ബ | ശ | പ | ത | ര | ന | ◌് | ഷ | ഷ | ന |
| ◌േ | റ | പ | ൻ | ട | യ | ട | വ | മ | അ | ണ | ട | സ | ൽ |
| ര | ങ | ശ | വ | പ | ങ | ട | ആ | ര | ഷ | എ | ക | ച | ഢ |
| അ | ◌് | ള | ◌ം | ള | ◌് | ◌െ | വ | ൽ | ന | ◌ി | ല | ന | ക |
| ക | ങ | ഫ | ശ | ഴ | ങ | ക | ◌് | യ | ◌ാ | മ | റ | ൾ | ർ |
| ◌് | ൾ | ബ | യ | ൽ | ൾ | ക | ല | ◌ു | സ | ◌ി | ൻ | ◌െ | പ |
| ര | ഈ | സ | ൽ | ട | ബ | ജ | ന | ദ | ന | എ | ര | ഷ | പ |
| ◌ി | ല | ച | ല | ഹ | ഢ | സ | ഇ | ൻ | ഹ | ത | ല | ഴ | ◌് |
| ല | ഉ | ഉ | ക | ൽ | എ | ണ | ഖ | റ | മ | എ | ക | ത | ◌േ |
| ◌ി | ങ | ബ | ◌് | ര | ഷ | ◌ു | ക | ൾ | ◌േ | ◌േ | ത | വ | പ |
| ക | പ | ഖ | ള | ദ | ല | ൾ | അ | ല | ങ | സ | ശ | ര | ക |
| ◌് | ങ | ത | ക | മ | ത | ◌് | ഗ | ◌ാ | ◌് | ഗ | ർ | സ | ൻ |
| ക | ര | ◌ി | ൾ | ഉ | ൾ | ല | ക | സ | ര | ഗ | വ | വ | ക |

അക്രിലിക്
ബ്രഷുകൾ
ക്യാമറ
കസേര
കരി
കളിമണ്ണ്
നിറങ്ങൾ
സർഗ്ഗാത്മകത
ഈസൽ
ഇറേസർ
പശ
ആശയങ്ങൾ
മഷി
എണ്ണ
പേപ്പർ
പെൻസിലുകൾ
മേശ
വെള്ളം

# 57 - Science Fiction

ഗ ങ വ ട ല ക ത ന പ ഫ ഗ ജ വ ക
സ ◌് സ ◌ി ന ◌ി മ ര ഃ ◌്ര ബ ൾ ൾ ഹ ട
അ ഗ ര ല ◌േ ◌ാ ക ◌ം ക വ ബ ക ഗ ◌ു
ജ ച ഉ ഹ ന ശ അ ബ വ മ ല ട സ ത
ബ ഹ ള ല ◌ം ആ റ ◌് റ ◌ം ത ◌ു ◌ി ◌്
ഒ റ ◌ാ ക ◌് ക ◌ി ൾ ജ ര ഫ ട ക ത
ഉ ട ◌് ട ഃ ◌്ര പ ◌് യ ന ◌് സ ◌് ◌് ൾ
ഹ ൾ ള ഖ ഷ ഹ ഹ ൻ ഖ ഭ ആ ബ ല സ
ന ◌ി ഗ ◌ൂ ഢ മ ◌ാ യ ഷ ജ ന ഃ ◌്ര ◌ാ ◌്
ഡ ◌ി സ ◌് റ ◌് റ ഃ ◌്ര പ ◌ി യ ഃ ◌്ര ഗ ഫ
പ ◌ു സ ◌് ത ക ങ ◌് ങ ൾ ൻ റ ൾ ഃ ◌ാ
ഉ എ ഴ ദ വ ക ആ യ ഫ ജ ണ ത എ ട
സ ◌ാ ങ ◌് ക ൽ പ ◌് പ ◌ി ക ബ ◌ീ ന
ര ◌ാ സ വ സ ◌് ത ◌ു ക ◌് ക ൾ ഴ ◌ം

ആറ്റം
പുസ്തകങ്ങൾ
രാസവസ്തുക്കൾ
സിനിമ
ഡിസ്റ്റോപിയ
സ്ഫോടനം
കടുത്ത
തീ
ഗാലക്സി
ഭ്രമം
സാങ്കൽപ്പിക
നിഗൂഢമായ
നോവലുകൾ
ഒറാക്കിൾ
ഗ്രഹം
റോബോട്ടുകൾ
ഉട്ടോപ്യ
ലോകം

# 58 - Geometry

| | | | | | | | | | | | | | |
|---|---|---|---|---|---|---|---|---|---|---|---|---|---|
| പ | ഴ | ക | യ | ഖ | പ | ൾ | ൾ | ല | ൾ | ൻ | വ | ഴ | ത |
| സ | ശ | ങ | ◌േ | യ | ഫ | പ | ര | വ | ◌് | യ | ◌ാ | സ | ◌ം |
| ഗ | ◌െ | ച | ർ | ◌ാ | ശ | ര | ല | വ | ൾ | ഢ | പ | സ | പ |
| ല | ഉ | ഗ | പ | ജ | ൺ | യ | ള | യ | ക | ◌ി | എ | മ | ◌ാ |
| മ | പ | ന | ◌് | സ | മ | മ | ◌ി | ത | ◌ി | ◌ീ | ത | ◌ാ | ◌ു |
| ത | ◌ാ | അ | മ | മ | ഴ | ൻ | ഖ | ഢ | ◌് | മ | സ | ന | ന |
| ഖ | ക | ന | ന | ഖ | ◌െ | ന | ണ | യ | ക | പ | മ | ◌് | അ |
| ഫ | ൽ | ള | ◌ം | ത | ദ | ന | ങ | ത | ർ | അ | വ | ത | ള |
| ത | ◌ം | ന | ◌് | ധ | ◌ാ | ദ | ◌് | ◌ി | സ | ആ | ◌ാ | ര | ക |
| ട | ജ | ഖ | യ | ച | യ | സ | വ | റ | ഴ | ന | ക | ◌ം | ഉ |
| ത | യ | ◌ു | ക | ◌് | ത | ◌ി | ർ | ഢ | ◌് | വ | ◌് | ര | ഉ |
| ണ | ട | ആ | ങ | അ | ത | ത | ക | ഉ | ◌ം | ര | യ | ഉ | ഴ |
| ബ | ഹ | ◌ു | ജ | ന | ള | പ | വ | ബ | ട | ര | ◌ം | ക | ൾ |
| ര | ക | ണ | ക | ◌് | ക | ◌ു | ക | ◌ൂ | ട | ◌് | ട | ൽ | ഖ |

കോൺ
കണക്കുകൂട്ടൽ
സർക്കിൾ
കർവ്
വ്യാസം
മാനം
സമവാക്യം
ഉയരം
യുക്തി
ബഹുജന
മീഡിയൻ
നമ്പർ
സമാന്തരം
അനുപാതം
സെഗ്മെന്റ്
സമമിതി
സിദ്ധാന്തം

# 59 - Creativity

| | | | | | | | | | | | | | |
|---|---|---|---|---|---|---|---|---|---|---|---|---|---|
| സ | ഭ | ത | യ | അ | ആ | വ | ച | ൈ | ത | ന | ് | യ | ം |
| ം | അ | ാ | ള | സ | ശ | അ | ് | ഹ | ആ | ദ | ങ | എ | ദ |
| വ | ത | ള | വ | ക | യ | മ | ാ | യ | ക | ീ | ട | ാ | ന |
| േ | ദ | ണ | ഡ | ന | ങ | ല | ള | ങ | ക | ഉ | ര | എ | ക |
| ദ | ന | െ | ന | ന | ് | ട | ു | ൊ | പ | ് | ം | ബ | ല |
| ന | ഴ | ശ | ഉ | ൻ | ങ | സ | ് | ക | ി | ൽ | ത | ക | ാ |
| ം | ധ | ാ | ര | ണ | ൾ | ട | ഉ | ധ | ച | ന | ് | ത | പ |
| പ | ദ | പ | ് | ര | യ | ോ | ഗ | ം | അ | ം | ി | ര | ര |
| ദ | ൽ | ഫ | ണ | ദ | ജ | ബ | ന | ോ | ശ | ദ | ച | വ | മ |
| ദ | ർ | ശ | ന | ങ | ് | ങ | ൾ | ബ | ച | ച | സ | ് | ാ |
| ൾ | ങ | ങ | ് | ര | ക | ാ | ി | വ | ൾ | ോ | യ | ീ | യ |
| ള | യ | ന | ന | ര | ന | ള | ട | അ | ജ | ര | ഖ | ത | വ |
| ക | ണ | ് | ട | ു | പ | ി | ട | ു | ത | ് | ത | ം | ങ |
| ഡ | ആ | ധ | ി | ക | ാ | ര | ി | ക | ത | പ | ൻ | ൽ | ഹ |

കലാപരമായ
ആധികാരികത
വ്യക്തത
നാടകീയമായ
വികാരങ്ങൾ
പദപ്രയോഗം
ആശയങ്ങൾ
ചിത്രം
ഭാവന
ധാരണ
പ്രചോദനം
തീവ്രത
അവബോധം
കണ്ടുപിടുത്തം
സംവേദനം
സ്കിൽ
പൊടുന്നനെ
ദർശനങ്ങൾ
ചൈതന്യം

# 60 - Airplanes

പ ഡ വ ട ന ആ പ പ പ ആ ന എ ൻ ദ
ല ◌് ആ ഫ ഖ ക സ ◌ാ ◌െ ഡ ന ◌ം ര യ ഉ
ബ ഫ ര ആ ജ ◌ാ ങ ല ത ണ ധ ൽ സ എ
ല ഫ ക ക യ ശ ഖ റ എ ഞ ◌് ച ◌ി ൻ
◌ൂ ക ഗ ങ ◌് ◌ം ക ◌് പ ന ന സ ഹ ന
ൺ ഖ ◌് ഹ പ ഷ ഡ റ ഴ പ ഇ ◌ം ◌ാ ◌െ ◌ി
ദ സ ഡ ര ല ◌ാ ◌ു ◌് ഷ ക ച വ ഡ ർ
ച ◌ാ ◌ി ഖ ◌ൂ ഫ സ ബ ക ഖ ൾ ◌ി ◌് മ
ര ഹ ◌ം ഴ ങ ആ പ ഞ ◌് ങ ള ധ ര ◌്
◌ി സ ൻ ഡ ◌ി സ ◌ാ ◌െ ൻ ◌് ധ ച ◌ാ ജ മ
ത ◌ി ◌ാ യ ഴ ണ യ ബ ഷ ച ത ന ന ◌ാ
◌് ക ല ഫ ക ണ ക എ ൽ പ ർ ◌ം ◌് ണ
ര ത അ ന ◌് ത ര ◌ീ ക ◌് ഷ ◌ം ◌ം
◌ം ൽ പ എ യ ർ ക ◌ാ ല ◌ാ വ സ ◌് ഥ

സാഹസികത
എയർ
അന്തരീക്ഷം
ബലൂൺ
നിർമ്മാണം
ക്രൂ
ഡിസൈൻ
സംവിധാനം
എഞ്ചിൻ
ഇന്ധനം
ഉയരം
ചരിത്രം
ഹൈഡ്രജൻ
ലാൻഡിംഗ്
പാസഞ്ചർ
പൈലറ്റ്
ആകാശം
പ്രക്ഷുബ്ധത
കാലാവസ്ഥ

# 61 - Ocean

| | | | | | | | | | | | | | |
|---|---|---|---|---|---|---|---|---|---|---|---|---|---|
| വ | അ | അ | ൻ | ഫ | ി | ൾ | ോ | ഡ | ര | ഴ | ള | ഖ | ഖ |
| വ | േ | ൾ | അ | മ | സ | ് | ര | ാ | വ | ് | ഴ | ജ | ങ |
| ള | ക | ല | എ | ക | ീ | ഫ | ട | ശ | ശ | ച | ട | െ | ദ |
| ് | ശ | ഡ | ി | ണ | ര | മ | ാ | ല | ട | ക | ണ | ല | ന |
| ള | ആ | ഖ | ആ | യ | ന | ച | ് | ഞ | ് | പ | ോ | ് | സ |
| ം | ഗ | ഴ | സ | ൂ | േ | ീ | സ | െ | ഷ | ് | ഴ | ല | ക |
| ണ | ൽ | സ | ഫ | ് | ീ | റ | ര | ള | ച | ് | ച | ി | പ |
| ക | ദ | ൽ | യ | ട | ക | ശ | ് | ാ | ച | പ | ഖ | ഫ | ത |
| മ | ത | ് | സ | ് | യ | ം | ഴ | റ | ള | ഉ | വ | ി | പ |
| ആ | ദ | ച | യ | ല | ം | ഗ | മ | ി | ം | ി | ത | ഷ | വ |
| ആ | ഞ | ണ | ് | ട | ് | ഈ | ൽ | പ | വ | ജ | ഴ | ് | ി |
| ൽ | ക | ൊ | ട | ു | ങ | ് | ക | ാ | റ | ് | റ | ് | ഴ |
| ഗ | പ | ങ | ള | ൻ | ശ | ണ | ന | യ | ട | ച | ഹ | പ | ം |
| അ | ണ | ഉ | ത | ശ | ൽ | ഷ | ൻ | ങ | ക | ര | ത | പ | യ |

ആൽഗ
വള്ളം
പവിഴം
ഞണ്ട്
ഡോൾഫിൻ
ഈൽ
മത്സ്യം
ജെല്ലിഫിഷ്
നീരാളി
റീഫ്
ഉപ്പ്
സ്രാവ്
ചെമ്മീൻ
സ്പോഞ്ച്
കൊടുങ്കാറ്റ്
വേലിയേറ്റം
ട്യൂണ
കടലാമ
തിമിംഗലം

# 62 - Force and Gravity

| | | | | | | | | | | | | | |
|---|---|---|---|---|---|---|---|---|---|---|---|---|---|
| മ | സ | മ | യ | ◌ം | ന | ല | ച | ങ | ഹ | ര | ര | ഘ | ഖ |
| ദ | ◌െ | സ | ◌ാ | ർ | വ | ത | ◌് | ര | ◌ി | ക | ഹ | ർ | ജ |
| ◌ൂ | ഗ | ക | സ | ക | ൾ | ന | ഴ | ഴ | ള | ബ | സ | ഷ | ക |
| ര | ഹ | ട | ◌് | ണ | ◌് | ത | ച | ◌ു | ◌് | ച | അ | ണ | ണ |
| ◌ം | ങ | ഹ | ക | ക | വ | ഫ | സ | ങ | ള | ആ | യ | ◌ം | ◌് |
| ജ | ത | ശ | ◌് | ◌ം | ◌ാ | ◌േ | ട | ന | ഉ | ഘ | ര | ക | ട |
| എ | ക | ത | സ | ◌് | ല | ന | ഗ | ച | ശ | ◌ാ | ഴ | ◌േ | ◌െ |
| വ | ത | ആ | ◌ി | ക | വ | ഫ | ◌ി | ത | ദ | ത | ഉ | ന | ത |
| ഡ | ◌ി | ജ | ◌ി | ആ | ഹ | ല | ങ | ക | ഴ | ◌ം | ഷ | ◌് | ◌് |
| ര | ന | ക | ഫ | ഭ | ◌ാ | ര | ◌ം | ങ | ◌് | ച | ഗ | ദ | ത |
| ര | ◌് | ള | ◌ാ | ദ | സ | ല | ൻ | ല | ക | സ | ഡ | ◌് | ൽ |
| ങ | ◌ാ | ഷ | ഡ | സ | ഹ | ന | ആ | ഖ | എ | ൻ | ◌് | ര | വ |
| ശ | ക | ഫ | ശ | ദ | ◌ം | ◌് | ദ | ർ | മ | ന | ര | ◌ം | ര |
| ഭ | ◌് | ര | മ | ണ | പ | ഥ | ◌ം | ട | ഗ | ഷ | ഫ | ഫ | ദ |

അച്ചുതണ്ട്
കേന്ദ്രം
കണ്ടെത്തൽ
ദൂരം
വികാസം
ഘർഷണം
ആഘാതം
കാന്തികത
മെക്കാനിക്ക്
ആക്കം
ചലനം
ഭ്രമണപഥം
ഫിസിക്സ്
മർദ്ദം
ഉള്ള
വേഗത
സമയം
സാർവത്രിക
ഭാരം

# 63 - Birds

| | | | | | | | | | | | | | |
|---|---|---|---|---|---|---|---|---|---|---|---|---|---|
| ങ | ച | ഖ | ക | പ | ണ | ച | ണ | ഹ | മ | ഡ | ഉ | ഖ | ഞ |
| ള | ◌ി | ല | ◌ാ | ◌െ | ച | ദ | ഞ്ഞ | ◌െ | യ | ഹ | ഷ | ര | ര |
| സ | ക | എ | ക | ൻ | പ | ൾ | ജ | റ | ◌ി | വ | ◌ി | ബ | യ |
| ◌ം | ◌് | ള | ◌് | ഗ | ഖ | ◌െ | ഉ | ◌ഃ | ല | ക | ക | ദ | ന |
| ◌ം | ക | ◌ൂ | ക | ◌് | ജ | ഹ | ല | ൺ | ◌് | ഞ | ◌് | ക | ◌് |
| ഹ | ൻ | ഹ | ഗ | വ | വ | ര | ത | ◌ി | | ഹ | പ | ◌ാ | ന |
| ൽ | ഉ | ക | ണ | ◌ി | പ | ണ | ഴ | ദ | ക | വ | പ | ന | ◌ം |
| യ | ഴ | ണ | ത | ൻ | മ | ◌ു | ട | ◌് | ട | ◌് | ◌് | റ | ഈ |
| ഷ | ഹ | പ | ◌് | ര | ◌ാ | വ | ◌് | ത | ന | റ | ക | ◌ി | ഗ |
| ഴ | ള | ഹ | ത | ബ | ല | ◌ി | ല | ◌ൃ | ഢ | ◌ാ | ട | ൻ | ◌ി |
| ഗ | ഡ | ബ | ത | ള | ക | ര | ശ | ഉ | ഴ | ◌ാ | ◌് | ട | ൾ |
| ച | ◌് | ച | ◌് | പ | ഫ | ◌ു | സ | ച | ട | ത | ട | ഷ | ഗ |
| ൾ | ബ | ണ | ഞ | ബ | ഷ | ◌ു | ന | ന | ണ | ൽ | ഒ | ഋ | ൽ |
| ട | ള | ദ | ഖ | ഗ | പ | ക | ഡ | ◌് | ള | ഖ | ര | ശ | ള |

കാനറി
ചിക്കൻ
കാക്ക
പ്രാവ്
താറാവ്
ഈഗിൾ
മുട്ട
അരയന്നം
ഗൂസ്
ഗൾ
ഹെറോൺ
ഒട്ടകപ്പക്ഷി
തത്ത
മയിൽ
പെലിക്കൻ
പെൻഗ്വിൻ
കുരുവി
ച്ച
ഹംസം
തൊഉചന്

# 64 - Art

| | | | | | | | | | | | | | |
|---|---|---|---|---|---|---|---|---|---|---|---|---|---|
| ദ | ര | ഥ | സ | ◌് | വ | ക | ◌ാ | സ | ◌ി | ന | ◌ാ | മ | വ |
| സ | ◌ം | ൽ | ന | ◌െ | വ | ◌ി | ഷ | ◌് | വ | ൽ | പ | ങ | ◌ി |
| സ | ത | ശ | ങ | ൾ | റ | ബ | ഗ | എ | ന | ഉ | ര | വ | ഷ |
| സ | ◌് | ണ | ഹ | ണ | ജ | ◌ാ | ച | ◌ി | ഹ | ◌് | ന | ◌ം | യ |
| ന | ◌ി | വ | ഴ | ശ | ഡ | ഡ | മ | ത | ഫ | ബ | അ | ര | ◌ം |
| ശ | ച | ള | ക | ൻ | ൽ | ന | ജ | ◌ി | ◌ി | റ | ഒ | ൾ | എ |
| ക | ഉ | എ | ഷ | ◌ാ | ഡ | ണ | ഉ | ബ | ക | ശ | ഫ | ഴ | ബ |
| ണ | ൽ | വ | ദ | വ | ര | ക | വ | ◌ി | ത | ◌് | ഘ | ട | ന |
| ശ | ◌ി | ല | ◌് | പ | ◌ം | ◌് | ണ | ൻ | ല | ◌ം | ശ | യ | ഉ |
| സ | ദ | ഷ | യ | ദ | ശ | അ | യ | ന | ക | പ | ◌ി | യ | അ |
| സ | ത | ◌് | യ | സ | ന | ◌് | ധ | മ | ◌ാ | യ | അ | ള | വ |
| പ | ◌് | ര | ച | ◌ോ | ദ | ന | ◌ം | ത | ക | ഷ | ള | ജ | ല |
| സ | ർ | റ | ◌ി | യ | ല | ◌ി | സ | ◌ം | പ | വ | ഖ | ഹ | ഹ |
| എ | സ | ◌ൃ | ഷ | ◌് | ട | ◌ി | ക | ◌് | ക | ◌ു | ക | അ | ച |

സെറാമിക്
ഘടന
സൃഷ്ടിക്കുക
ചിത്രം
സത്യസന്ധമായ
പ്രചോദനം
മാനസികാവസ്ഥ
ഒറിജിനൽ
സ്വകാര്യ
കവിത
ശില്പം
ലളിതം
വിഷയം
സർറിയലിസം
ചിഹ്നം
വിഷ്വൽ

# 65 - Nutrition

| | | | | | | | | | | | | | |
|---|---|---|---|---|---|---|---|---|---|---|---|---|---|
| ട | ശ | ത | ൾ | ൾ | വ | റ | ദ | ള | ങ | ല | ഗ | ആ | സ |
| ഃ◌( | ◌ീ | ത | ക | ര | ◌ി | സ | ◌് | ഃ◌( | സ | ന | ട | ക | മ |
| ക | ല | ആ | ന | ഭ | ശ | ഖ | ര | ◌് | ഉ | സ | ട | ണ | ത |
| ◌് | ങ | ര | ◌ു | ◌ാ | പ | ശ | ◌ാ | ദ | റ | പ | ഡ | ആ | ◌ു |
| സ | ◌് | ◌ം | ട | ര | ◌് | ക | വ | ല | ഹ | യ | എ | ര | ല |
| ◌ി | ങ | ഹ | ◌ീ | ◌ം | പ | ൽ | ക | എ | അ | ന | ഡ | ഃ◌( | ◌ി |
| ൻ | ൾ | ◌ാ | ട | ജ | ◌് | ഹ | ങ | ഴ | ഖ | സ | ◌ം | ഗ | ത |
| ൽ | ക | ക | ◌് | പ | ◌ി | പ | ◌് | ള | ◌ി | ◌ു | പ | ◌് | മ |
| ഭ | ല | ◌ാ | ര | സ | ജ | ര | ങ | പ | ബ | ജ | പ | യ | ◌ാ |
| ക | ദ | ഷ | ഃ◌( | ഖ | ബ | ങ | ൾ | റ | ◌ി | ഃ◌( | ല | ക | യ |
| ◌് | ല | ഃ◌( | ◌് | ജ | ◌ീ | വ | ക | ◌ം | റ | ഫ | ണ | ര | യ |
| ഷ | ഡ | പ | പ | ഉ | ക | ഉ | പ | സ | ◌് | ല | ൽ | മ | ട |
| ◌് | ഴ | ര | ണ | ര | ട | ല | ശ | ര | റ | ല | വ | ◌ാ | ല |
| യ | ◌ം | ഗ | ◌് | ഃ◌( | ര | ആ | ഗ | എ | ർ | ജ | യ | യ | ബ |

വിശപ്പ്
സമതുലിതമായ
ബിറ്റർ
കലോറി
ഡയറ്റ്
ദഹനം
ഭക്ഷ്യ
പുളിപ്പിക്കൽ
രസം
ശീലങ്ങൾ
ആരോഗ്യം
ആരോഗ്യകരമായ
ദ്രാവകങ്ങൾ
പോഷകാഹാരം
പ്രോട്ടീനുകൾ
സോസ്
ടോക്സിൻ
ജീവകം
ഭാരം

# 66 - Hiking

| | | | | | | | | | | | | | |
|---|---|---|---|---|---|---|---|---|---|---|---|---|---|
| ഷ | ഹ | ത | ◌ി | ക | ◌ൃ | ര | ◌് | പ | ഗ | ഖ | ശ | വ | മ |
| ശ | ഥ | സ | ◌് | വ | ല | ◌ാ | ◌ാ | ക | ഉ | വ | ച | ◌ൈ | ◌ൃ |
| ഗ | ◌ൈ | ഡ | ◌ു | ക | ൾ | ◌് | ക | സ | അ | ല | ക | ൽ | ഗ |
| ദ | സ | ൾ | ങ | ട | ഗ | അ | ല | യ | ◌ൂ | ല | ◌ം | ഡ | ങ |
| ല | സ | ൻ | ൽ | ◌ം | ണ | ന | മ | ◌ു | ണ | ര | ക | ◌് | ◌് |
| ഷ | ത | ജ | ല | പ | ല | ൾ | ബ | ഗ | ക | ൾ | ◌് | യ | ങ |
| ൽ | ദ | ട | ഷ | ◌ൂ | ◌ാ | ൻ | ൾ | ഴ | ഖ | ൾ | ◌ു | യ | ൾ |
| ഴ | ◌ി | ◌ി | ച | ഭ | ശ | റ | ണ | ഹ | ൾ | ച | ര | ദ | ൻ |
| എ | ശ | ക | ന | ത | ◌് | ത | ന | ഉ | ഹ | ൾ | ഒ | ഹ | ഡ |
| ണ | ന | ഃ | ◌െക | ◌് | യ | ◌ാ | മ | ◌് | പ | ◌ി | ◌ം | ഗ | ◌് |
| ഉ | ഡ | ച | ക | ◌് | ഷ | ◌ീ | ണ | ◌ി | ച | ◌് | ച | ൻ | ര |
| അ | ച | ◌് | വ | ◌െ | ള | ◌് | ള | ◌ം | അ | ത | ര | പ | ല |
| ള | യ | ച | പ | ◌ാ | ർ | ക | ◌് | ക | ◌ു | ക | ൾ | യ | അ |
| ൾ | ദ | ഉ | ര | ണ | ച | സ | ത | ശ | ട | ത | ൽ | ക | ഴ |

മൃഗങ്ങൾ
ക്യാമ്പിംഗ്
പാറ
കാലാവസ്ഥ
ഗൈഡുകൾ
കനത്ത
ഭൂപടം
മല
പ്രകൃതി

ദിശ
പാർക്കുകൾ
ഒരുക്കം
കല്ലുകൾ
ഉച്ചകോടി
സൂര്യൻ
ക്ഷീണിച്ച
വെള്ളം
വൈൽഡ്

# 67 - Professions #1

| | | | | | | | | | | | | | |
|---|---|---|---|---|---|---|---|---|---|---|---|---|---|
| ജ | ണ | ർ | ബ | ല | ◌ം | ◌് | പ | ച | സ | ആ | ശ | പ | ഹ |
| ന | ◌ി | ഖ | ൽ | ◌ാ | ത | എ | ദ | വ | ◌് | ക | ◌ാ | ഷ | ള |
| ◌ാ | ർ | യ | എ | ച | ങ | ത | ഉ | ഴ | ◌് | ച | സ | ണ | ദ |
| വ | റ | ൾ | ഃ◌െ | ഗ | ണ | ◌് | ഴ | ള | ഴ | അ | ◌് | ആ | ഗ |
| ◌ി | ഃ◌െ | ഫ | ച | ള | ഫ | ൻ | ക | ത | ന | ◌ം | ത | ഃ◌െ | ൻ |
| ക | ◌് | ഉ | ങ | ഴ | ജ | ത | ജ | ർ | ണ | ബ | ◌് | ള | ക |
| ൻ | റ | ർ | റ | റ | ◌് | ◌ി | ഡ | എ | ള | ◌ാ | ര | ൽ | അ |
| ക | അ | ആ | ഭ | ര | ണ | ◌ം | സ | ട | ഉ | സ | ജ | ഹ | ഭ |
| അ | ആ | ങ | സ | യ | ർ | ട | ക | ◌് | ഃ◌െ | ഡ | ◌് | ആ | ◌ി |
| സ | ◌ം | ഗ | ◌ീ | ത | ജ | ◌് | ഞ | ൻ | റ | ർ | ഞ | ന | ഭ |
| ന | ർ | ത | ◌് | ത | ക | ◌ി | ൾ | ഴ | ൻ | ◌് | ൻ | ൻ | ◌ാ |
| ത | യ | ◌് | യ | ൽ | ക | ◌് | ക | ◌ാ | ര | ൻ | റ | വ | ഷ |
| ഫ | ◌ാ | ർ | മ | സ | ◌ി | സ | ◌് | റ | ◌് | റ | ◌് | ◌് | ക |
| പ | ◌ി | യ | ◌ാ | ന | ◌ി | സ | ◌് | റ | ◌് | റ | ◌് | ര | ൻ |

അംബാസഡർ
അറ്റോർണി
ബാങ്കർ
കോച്ച്
നർത്തകി
ഡോക്ടർ
എഡിറ്റർ
ജിയോളജിസ്റ്റ്
ആഭരണം
അഭിഭാഷകൻ
സംഗീതജ്ഞൻ
നഴ്സ്
ഫാർമസിസ്റ്റ്
പിയാനിസ്റ്റ്
പ്ലംബർ
നാവികൻ
ശാസ്ത്രജ്ഞൻ
തയ്യൽക്കാരൻ

# 68 - Barbecues

| | | | | | | | | | | | | | |
|---|---|---|---|---|---|---|---|---|---|---|---|---|---|
| ച | ഖ | ള | എ | പ | ൾ | ൾ | ക | മ | ◌ു | യ | ◌ി | ◌െ | ഗ |
| ങ | സ | ച | ള | ക | ഴ | ◌ം | ത | ◌ാ | ◌് | ത | അ | ഫ | ത |
| ഉ | ച | ◌ി | ക | ◌് | ക | ൻ | ◌് | ഷ | ദ | ത | ല | ◌് | ക |
| ക | പ | മ | ഉ | ല | ട | ൽ | ത | ജ | യ | ക | ത | ര | ◌് |
| ക | ◌് | ◌് | ക | ര | ട | ◌ു | ◌ി | ജ | ൽ | ന | ത | ണ | ക |
| അ | പ | ള | പ | ◌് | ദ | ഗ | ◌ൂ | ഫ | ബ | ഉ | ട | ◌് | ◌ാ |
| ട | ◌് | ജ | ഖ | ◌് | ക | ഗ | യ | ച | ◌ം | ഴ | പ | ട | ള |
| പ | ശ | ജ | ദ | ങ | ര | ൾ | ഡ | ഖ | ട | ൾ | ണ | ◌് | ◌ി |
| എ | ◌ി | ശ | ഫ | ◌ോ | ർ | ക | ◌് | ക | ◌ു | ക | ൾ | സ | പ |
| ദ | വ | ഗ | ൾ | ൾ | വ | ◌േ | ന | ൽ | ◌ം | ഡ | ഉ | ◌് | ഹ |
| ല | ദ | ഭ | ക | ◌് | ഷ | ണ | ◌ം | ര | ◌ു | ◌ു | ആ | ഉ | ക |
| ള | ട | ഗ | ഗ | ട | അ | ള | അ | ◌ി | ക | ◌ാ | ഡ | ള | ബ |
| പ | ക | ങ | ഡ | ൽ | ഉ | എ | ഡ | ◌് | ഗ | ല | സ | ഫ | ള |
| സ | ◌ം | ഗ | ◌ീ | ത | ◌ം | ൻ | പ | ഗ | ഗ | സ | ◌് | ◌ോ | സ |

ചിക്കൻ
മക്കൾ
അത്താഴം
കുടുംബം
ഭക്ഷണം
ഫോർക്കുകൾ
ഫ്രണ്ട്സ്
പഴം
ഗെയിമുകൾ
ഗ്രിൽ
ചൂടുള്ള
വിശപ്പ്
കത്തി
സംഗീതം
സലാഡുകൾ
ഉപ്പ്
സോസ്
വേനൽ
തക്കാളി

# 69 - Chocolate

| | | | | | | | | | | | | | |
|---|---|---|---|---|---|---|---|---|---|---|---|---|---|
| ക | ◌െ | ◌ാ | ക | ◌് | ക | ◌േ | ◌ാ | ബ | ഗ | ട | ഖ | ന | ഹ |
| ൽ | ബ | ട | എ | യ | ങ | ത | ന | ◌ി | ◌ു | ട | വ | ◌ാ | ഗ |
| ആ | ങ | ൻ | ന | ൻ | ◌ു | ജ | സ | റ | ണ | ◌് | ക | ള | ണ |
| ആ | സ | ക | ◌് | ത | ◌ി | ◌െ | ങ | ◌് | മ | പ | ക | ◌ി | ദ |
| ഗ | ല | ക | ൾ | വ | പ | ദ | ച | റ | ◌േ | ◌െ | ല | ക | ശ |
| ല | ര | യ | ത | ള | ഴ | ഹ | ഹ | ർ | ന | പ | ◌ോ | ◌േ | ഹ |
| ജ | ബ | ണ | ട | ◌ി | ◌്ര | പ | സ | ഹ | ◌് | ◌് | റ | ര | പ |
| യ | മ | ◌ാ | ര | ക | ച | ◌ി | ◌ു | ര | മ | യ | ◌ി | ◌ം | ഞ |
| ഉ | ച | ൽ | പ | ദ | ◌ി | ൽ | ഗ | ◌ം | യ | ര | ബ | ആ | ◌് |
| ര | പ | സ | ഷ | ഫ | ◌ു | വ | ന | ◌ു | ◌ു | ◌ി | സ | ബ | ച |
| ങ | യ | ക | വ | എ | ര | ത | ◌് | ധ | ള | ◌് | ഖ | ◌ം | സ |
| ക | ◌ാ | ൻ | ഡ | ◌ി | എ | പ | ധ | മ | ◌് | പ | പ | ക | ◌ാ |
| ഹ | ജ | ഗ | ൾ | യ | ൻ | അ | ◌ം | സ | ള | ത | ന | ട | ര |
| എ | ക | ◌് | സ | ◌ോ | ട | ◌് | ട | ◌ി | ക | ◌് | എ | ഘ | ഡ |

സുഗന്ധം
ബിറ്റർ
കൊക്കോ
കലോറി
കാൻഡി
വളി
നാളികേരം
ആസക്തി
രുചികരമായ
എക്സോട്ടിക്
പ്രിയപ്പെട്ട
രസം
ഘടകം
ചെയ്യുക
പൊടി
ഗുണമേന്മയുള്ള
പഞ്ചസാര
മധുരം
രുചി

# 70 - Vegetables

| | | | | | | | | | | | | | |
|---|---|---|---|---|---|---|---|---|---|---|---|---|---|
| റ | വ | ◌െ | ള | ◌് | ള | ര | ◌ി | ക | ◌് | ക | ഇ | വ | ത |
| ൾ | ◌ാ | ണ | ൾ | ഫ | ത | ഫ | ആ | ൽ | ഷ | ഡ | ഞ | ◌ൈ | ക |
| വ | ക | ഡ | ള | ◌ി | ◌് | ള | ഉ | ശ | ഡ | ബ | ◌് | ള | ◌് |
| ഷ | ◌ാ | ച | ◌ി | ൾ | ങ | ർ | ള | ങ | ട | ഴ | ച | ◌ു | ക |
| ആ | ര | ട | ക | ഷ | ങ | വ | ഴ | ◌ു | ത | ന | ◌ി | ത | ◌ാ |
| ക | റ | ◌േ | ഃ◌ | (ഗ | ◌് | ല | ട | യ | ഗ | പ | ഗ | ◌് | ള |
| ◌ൂ | ◌് | ൻ | ക | ൽ | ത | ഫ | ത | സ | ട | ആ | പ | ത | ◌ി |
| ൻ | റ | ാഎ | ◌് | ഡ | ◌് | ◌് | ൻ | പ | ആ | എ | ◌ി | ◌ു | ട |
| ൾ | ◌് | പ | ര | ൻ | ത | ള | സ | എ | ര | ച | ഇ | ള | ൽ |
| സ | ണ | ◌ി | ാ◌ | (യ | മ | ◌ി | ഗ | ൻ | ◌ാ | ഉ | എ | ◌് | എ |
| ല | ◌ാ | ത | ◌് | ൾ | ച | ഃ◌ | (ച | ഉ | ണ | ങ | ഫ | ള | അ |
| ദ | ആ | ല | ബ | ച | ച | ക | ◌ീ | പ | ◌ാ | ജ | ട | ◌ി | ജ |
| ദ | പ | ബ | ഡ | ഫ | ഹ | അ | ര | ശ | വ | ങ | യ | ത | ഗ |
| ഡ | ച | ൻ | പ | ◌് | പ | ക | ◌ം | ദ | ഃ◌ | (മ | യ | അ | എ |

ബ്രൊക്കോളി
കാരറ്റ്
കോളിഫ്ലവർ
അയമോദകം
വെള്ളരിക്ക
വഴുതന
വെളുത്തുള്ളി
ഇഞ്ചി
കൂൺ
ഉള്ളി
ആരാണാവോ
പി.ഇ.എ.
മത്തങ്ങ
റാഡിഷ്
സാലഡ്
ചീര
തക്കാളി
ടേൺഐപി

# 71 - The Media

പ ര സ ◌് യ ങ ◌് ങ ൾ ന ൽ ഓ ദ അ
വ സ ◌് ത ◌ു ത ക ൾ ബ ല മ ൻ ൾ ൻ
വ ◌് യ വ സ ◌ാ യ ◌ം ◌ൗ ള ന ല വ ൽ
റ ◌േ ഡ ◌ി യ ഃ ◌ എ സ ദ ച ഃ ◌ാ െ ബ യ
പ ത ◌് ര ങ ◌് ങ ൾ ◌് അ ഭ ൻ ഉ ച
വ ക ട യ ട പ ൾ ഡ ധ ക ◌ാ ഡ വ ആ
ഷ ◌് ഖ ത യ ◌ം മ ന ◌ി ◌ി വ യ ശ ആ
ള ള യ ഉ ഹ ആ ൾ ഡ ക യ ◌ം യ എ വ
ഷ ക ◌് ക ◌് ർ വ റ ◌് റ ◌് ◌െ ന ◌ാ
പ ഫ ള ഫ ◌് പ ത ◌ി പ ◌് പ ◌് യ ണ
ക ത ണ ണ അ ത ◌ു ◌ു ◌ പ ഷ ര ഫ ട ◌ി
ര ക ന ഗ ◌് ട ◌ി ◌ം ◌് ണ ഫ ഫ അ ജ
ഡ ◌ി ജ ◌ി റ ◌് റ ൽ എ ൾ ഡ ള ങ ◌്
വ ◌ി ദ ◌് യ ◌ാ ഭ ◌് യ ◌ാ സ ◌ം അ യ

പരസ്യങ്ങൾ
മനോഭാവം
വാണിജ്യ
ആശയവിനിമയം
ഡിജിറ്റൽ
പതിപ്പ്
വിദ്യാഭ്യാസം
വസ്തുതകൾ
ഫണ്ടിംഗ്
വ്യക്തി
വ്യവസായം
ബൗദ്ധിക
നെറ്റ് വർക്ക്
പത്രങ്ങൾ
ഓൺലൈൻ
പൊതു
റേഡിയോ

# 72 - Boats

| | | | | | | | | | | | | | |
|---|---|---|---|---|---|---|---|---|---|---|---|---|---|
| ക | ഖ | ക | ത | ഹ | ൽ | ത | ന | ര | ഗ | ക | ഉ | അ | ന |
| ഫ | ന | ഫ | ട | ം | ട | ് | ല | ഃ്ര | പ | ് | പ | ക | ാ |
| ൈ | ര | ഃ്ര | ാ | ന | ക | ര | ങ | സ | ഗ | ാ | ൽ | ഴ | വ |
| റ | ർ | യ | ക | ങ | യ | ഖ | ം | ല | ട | യ | യ | ഖ | ി |
| ി | ഴ | ി | ം | ് | പ | ങ | ള | മ | ച | ക | ആ | ഖ | ക |
| എ | ട | ഃ്ര | ൽ | ക | ക | ് | ട | ി | ട | ് | ഃ്ര | ന | ൻ |
| മ | ഞ്ഞ | ബ | ര | ൂ | ് | ക | ജ | സ | പ | ി | ക | ൽ | ത |
| ാ | ബ | ് | ന | ര | ം | ദ | ് | ു | മ | ന്ന | ്ര | ക | ശ |
| ര | ക | ബ | ച | ം | ൻ | ശ | ഴ | ഉ | സ | ര | ങ | ക | ല |
| ി | അ | ല | ന | ി | എ | ഴ | പ | ഗ | ഡ | ജ | ഉ | ഉ | ൾ |
| ട | ച | ദ | ര | ഖ | ൻ | ൽ | വ | ള | ൾ | ജ | വ | ച | ര |
| ൈ | ശ | എ | ഖ | വ | േ | ല | ി | യ | േ | റ | ് | റ | ം |
| ം | ഉ | ല | ് | ല | ാ | സ | വ | ഞ്ഞ | ് | ച | ി | ഫ | വ |
| ച | ങ | ് | ങ | ാ | ട | ം | ത | ന | ദ | ി | ഉ | ജ | ല |

നങ്കൂരം
ബോയി
കനോ
ക്രൂ
എഞ്ചിൻ
ഫെറി
കയാക്
തടാകം
മാരിടൈം
കൊടിമരം
നോട്ടിക്കൽ
സമുദ്രം
ചങ്ങാടം
നദി
കയർ
കപ്പലോട്ടം
നാവികൻ
കടൽ
വേലിയേറ്റം
ഉല്ലാസവഞ്ചി

# 73 - Driving

| | | | | | | | | | | | | | |
|---|---|---|---|---|---|---|---|---|---|---|---|---|---|
| ഗ | ട | ◌് | ര | ◌ാ | ഫ | ◌ി | ക | ◌് | ഡ | ബ | പ | ൽ | ഷ |
| ത | ◌ാ | ദ | ഷ | ല | ബ | ഡ | ക | ◌് | ക | ◌് | ര | ◌് | ട |
| ◌ു | ഉ | ര | ങ | ജ | ന | ന | ണ | ഖ | ൽ | ര | ◌്ര | ഖ | ല |
| ര | പ | ഖ | ◌േ | ള | ◌ം | ട | ക | പ | അ | ◌േ | ല | റ | സ |
| ങ | ◌്ര | ഡ | ഷ | ജ | ധ | ന | എ | ങ | ത | ക | ാെ | ഷ | ◌ു |
| ◌് | ല | ഡ | ശ | ക | ◌് | സ | ബ | ശ | ള | ◌് | സ | ഗ | ര |
| ക | ◌ീ | ങ | അ | ല | ന | ◌് | ക | ഉ | ഖ | ക | ൻ | ആ | ക |
| ◌ം | സ | ഡ | ഖ | ഭ | ഇ | യ | ഡ | പ | ക | ◌ു | സ | ശ | ◌് |
| ഗ | ◌് | എ | വ | ◌ൂ | ദ | ◌ാ | ◌് | ബ | ബ | ക | ◌് | ട | ഷ |
| ഴ | ത | ഡ | ത | പ | ള | ◌് | ര | സ | ആ | ൾ | ള | ന | ല |
| പ | ഗ | ◌ാ | ച | ട | ര | ഗ | ാെ | ത | ◌െ | ര | ◌ു | വ | ◌് |
| ജ | ◌േ | ന | ഗ | ◌ം | എ | ല | വ | ച | ൻ | ദ | ല | ബ | ങ |
| ഴ | വ | ൻ | അ | ത | ഷ | ൻ | ർ | ക | ◌ാ | ർ | ൽ | ള | ര |
| യ | ബ | ഴ | ഷ | ബ | ◌ം | മ | ◌്ര | ട | ◌് | ട | ◌്ര | ർ | ഴ |

അപകടം
ബ്രേക്കുകൾ
ബസ്
കാർ
ഡ്രൈവർ
ഇന്ധനം
ഗാരേജ്
ഗ്യാസ്
ലൈസൻസ്
ഭൂപടം
മോട്ടോർ
പോലീസ്
റോഡ്
സുരക്ഷ
വേഗത
തെരുവ്
ട്രാഫിക്
ഗതാഗതം
ട്രക്ക്
തുരങ്കം

# 74 - Professions #2

ആ യ ല എ അ ന ് വ േ ഷ ക ൻ ട ല
അ ഴ ഉ ച ഞ വ ക ഢ ന എ ദ ക ഖ ൈ
ൻ ര ക ാ ക ് ട ട ് ഃ ്ര ത പ ഫ ബ
ക ൻ പ ട വ ട ച വ ഴ പ ന യ ഃ ്ര ്
ഷ ത ഖ ബ ണ ീ പ ി ജ ജ ള ാ ട ര
ർ ഢ ഉ പ ണ ക ാ ൈ ര ന ൽ സ ് ് േ
ക ി ബ ഴ സ ് ല സ ഷ ീ ഢ ധ ട റ
പ ണ ല ശ ർ റ റ ത വ ഗ യ അ ഃ ്ര ി
ത ് വ ാ ൈ ജ റ ് ന ാ ൈ വ ക ർ ഗ യ
ട പ ര ങ ൻ ് റ ് ദ േ സ യ ് ൻ
ച ഷ ഢ ാ ്ര ൽ ി ് ത ് ഷ ന വ ര ര
സ ാ ട വ ഫ ഢ ത ് യ ക ദ വ ാ ആ
ദ ാ അ ബ സ സ പ ര ൻ ൻ ജ ശ ഫ യ
ആ ഭ ദ ട ന സ ർ ം ക ള ഴ ഖ ർ ൽ

ജൈവ
രസതന്ത്രം
ഡിറ്റക്ടീവ്
എഞ്ചിനീയർ
കർഷകൻ
തോട്ടക്കാരൻ
അന്വേഷകൻ
ലൈബ്രേറിയൻ
ഭാഷാ പണ്ഡിതൻ
ഫോട്ടോഗ്രാഫർ
വൈദ്യൻ
പൈലറ്റ്
പ്രൊഫസർ
ഗവേഷകൻ
സർജൻ
അധ്യാപകൻ

# 75 - Mythology

| | | | | | | | | | | | | | |
|---|---|---|---|---|---|---|---|---|---|---|---|---|---|
| ആ | ർ | ക | ◌് | ക | ◌ി | ട | ◌ൈ | പ | ◌് | പ | ◌് | ല | അ |
| പ | ◌െ | ര | ◌ു | മ | ◌ാ | റ | ◌് | റ | ◌ം | ഖ | ജ | ◌ാ | ന |
| വ | ക | ◌ം | മ | ◌ോ | ർ | ട | ◌് | ട | ൽ | ജ | ◌ീ | ബ | ശ |
| ◌ി | പ | ക | ക | ഉ | ഇ | ഖ | അ | ൽ | ഖ | ഗ | വ | ◌ി | ◌് |
| ശ | ◌് | ◌ാ | ◌ം | പ | ല | ത | ല | അ | എ | ◌ം | ◌ി | ര | വ |
| ◌് | ര | സ | ദ | ക | ള | ഫ | ◌ി | ശ | ഡ | ർ | ആ | ◌ി | ര |
| വ | ത | ◌് | ഹ | ര | ◌് | ൾ | യ | ഹ | ഡ | വ | ഗ | ◌ം | ത |
| ◌ാ | ◌ി | ◌ം | ഹ | ◌ാ | ഉ | ഴ | ക | ട | ◌ാ | ◌് | ഴ | ത | ജ |
| സ | ക | സ | ◌ീ | ക | യ | ദ | മ | സ | ന | സ | ല | ◌് | അ |
| ങ | ◌ാ | ജ | റ | ◌് | ഡ | ◌േ | ഴ | ◌ു | ഴ | ഉ | ◌ം | ഉ | ര |
| ◌് | ര | ഹ | ◌ോ | ഷ | ഫ | വ | അ | ട | ◌ി | ഷ | ◌് | ◌ൃ | സ |
| ങ | ◌ം | ഫ | ശ | സ | ല | ത | ല | സ | ൻ | ട | ൽ | അ | ൽ |
| ൾ | അ | ണ | ദ | ൻ | ഉ | ക | ഴ | എ | ◌ൂ | അ | ഇ | പ | ഫ |
| മ | ◌ി | ന | ◌് | ന | ൽ | ൾ | ഉ | ജ | ഗ | യ | എ | വ | ക |

ആർക്കിടൈപ്പ്
പെരുമാറ്റം
വിശ്വാസങ്ങൾ
സൃഷ്ടി
ജീവി
സംസ്കാരം
ദേവതകൾ
സ്വർഗം
ഹീറോ

അനശ്വരത
അസൂയ
ലാബിരിംത്
ഇതിഹാസം
മിന്നൽ
രാക്ഷസൻ
മോർട്ടൽ
പ്രതികാരം
ഇടിമുഴക്കം

# 76 - Hair Types

ത ആ ഹ ങ ള ള ◌് യ ◌ു ട ◌ി ◌് ട ക
അ ◌ി ര ദ ◌ൃ ഢ മ ◌ാ ര ◌് ന ◌് ന ക
ദ മ ള ◌ഃ ◌്ണ ഗ ബ ൾ ◌െ ട ന ക ഉ ഹ
◌് ത ◌ഃ ◌്ങ ഗ ആ ശ ങ ◌് ◌് ◌േ റ ൻ ണ
യ ല ട ഷ ◌് ◌് ആ യ ഢ ◌ി ർ ◌ു ൾ ച
◌ാ യ ന ള ണ ങ യ ള ന വ ത ത ക ◌െ
യ ◌ഃ ◌്ഫ ള ള വ ◌ു ക ണ ത ◌് ◌് ഷ റ
◌ം ട ച ഫ സ ട ◌ു ന ര സ ത ത ണ ◌ി
വ ◌് ◌ാ ഖ ഡ ൻ ജ ◌ം ◌് മ ബ ച ◌് യ
◌െ ട ര വ ◌െ ള ◌് ള സ ന ◌ാ ര ട ര
ള ◌ി ന ന ◌ി റ മ ◌ു ള ◌് ള യ ◌ി ൾ
◌് പ ◌ി ച ◌ു ര ◌ു ണ ◌് ട ബ ല ൾ എ
ള ട റ ◌് റ ◌് ഫ ◌് ◌ഃ ◌്സ ശ അ ദ ഖ
◌ി ഫ ◌ം ജ ഡ ര ന ◌ീ ണ ◌് ട ഴ ഫ അ

കഷണ്ടി
കറുത്ത
ദൃഢമാര്ന്ന
മോഷണവും
തവിട്ട്
നിറമുള്ള
അദ്ധ്യായം
ചുരുണ്ട
ബ്രെഡ്
ചാരനിറം
ആരോഗ്യകരമായ
നീണ്ട
തലയോട്ടി
തിളങ്ങുന്ന
ചെറിയ
വെള്ളി
സോഫ്റ്റ്
കട്ടിയുള്ള
നേർത്ത
വെള്ള

# 77 - Garden

| | | | | | | | | | | | | | |
|---|---|---|---|---|---|---|---|---|---|---|---|---|---|
| ണ | ബ | വ | ര | ഹ | ക | ട | ത | പ | ഹ | പ | വ | ബ | ന |
| ള | ബ | ◌െ | ഹ | ൻ | ള | ◌െ | ◌്ര | ◌ു | ◌ാ | ഡ | ◌ൃ | ഹ | ഗ |
| ഴ | ൻ | ട | ഞ | ങ | ക | റ | ട | ല | ◌ം | വ | ക | സ | യ |
| ഗ | എ | ഴ | ◌് | ◌് | ൾ | സ | ◌് | ◌് | ഹ | സ | ◌് | ◌്ര | ഹ |
| ഴ | ◌ാ | ണ | ന | ര | ച | ◌് | ട | ല | ◌്ര | ബ | ഷ | പ | ഫ |
| യ | ൾ | ര | ഗ | ച | ◌ാ | ◌് | ◌ം | ◌് | ക | ◌ു | ◌ം | ◌ു | ദ |
| ദ | ട | ര | ◌േ | ര | ര | ◌ം | ഷ | ള | ◌് | ഷ | യ | ൽ | ത |
| സ | ണ | ഫ | ജ | ജ | യ | ജ | പ | ഫ | ക | ◌് | വ | ത | ള |
| ഖ | അ | ക | ക | വ | ◌് | ◌ൂ | പ | ◌്ര | ◌് | ഉ | ബ | ◌് | ട |
| ◌ം | അ | ത | ക | ൾ | ഫ | ൾ | ന | ഡ | ള | ദ | ഡ | ത | ക |
| മ | ◌ി | ന | ◌ു | ക | ◌് | ക | ◌ു | ക | ര | ◌ി | ◌്ര | ക | ◌ു |
| ◌ു | ല | ൽ | സ | റ | ഡ | ക | ണ | ശ | ആ | ണ | ൻ | ◌ി | ള |
| ◌ൂ | ക | ഴ | അ | ◌ാ | ല | ൾ | ഷ | ജ | ൻ | ത | ള | ട | ◌ം |
| പ | ല | ദ | സ | പ | വ | ◌േ | ല | ◌ി | പ | ത | ജ | ◌ി | ത |

ബെഞ്ച്
ബുഷ്
വേലി
പൂവ്
ഗാരേജ്
തോട്ടം
പുല്ല്
ഹാംഹോക്ക്
ഹോസ്
പുൽത്തകിടി
കുളം
പൂമുഖം
മീനുക്കുക
പാറകൾ
കോരിക
ടെറസ്
ട്രാംപോളിൻ
വൃക്ഷം
കളകൾ

# 78 - Diplomacy

| | | | | | | | | | | | | | |
|---|---|---|---|---|---|---|---|---|---|---|---|---|---|
| സ | സ | ശ | ക | എ | ബ | സ | ദ | ച | ത | യ | ച | ന | സ |
| അ | ◌ം | മ | ച | ഹ | ൽ | ഫ | ണ | ര | ർ | ൽ | ഡ | ◌ീ | ◌ി |
| ◌ം | പ | ഘ | ഗ | ഉ | ഖ | ഗ | ഡ | ഗ | ഉ | ച | ക | ത | വ |
| ബ | ര | വ | ർ | ◌് | ള | ബ | ആ | ഉ | ഫ | ദ | ◌് | ◌ി | ◌ി |
| ◌ാ | ◌ി | ◌ി | ൻ | ഷ | ര | സ | ◌ു | ര | ക | ◌് | ഷ | ച | ക |
| സ | ഹ | ദ | ർ | ശ | ◌ം | ത | പ | ന | ദ | ആ | ൾ | ൻ | ◌് |
| ഡ | ◌ാ | ◌േ | മ | ള | ജ | ഹ | സ | ◌ി | ബ | ◌ം | എ | അ | ബ |
| ർ | ര | ശ | ◌ാ | ഷ | ഷ | യ | ഹ | വ | ങ | ൽ | ത | ൻ | ൽ |
| ള | ◌ം | ണ | ന | അ | വ | ഡ | ക | ഷ | ◌ി | ന | ◌ു | ◌ാ | മ |
| സ | ർ | ക | ◌് | ക | ◌ാ | ർ | ര | ഷ | ഫ | ണ | ജ | ഷ | ങ |
| ന | ച | ദ | ര | ട | ൽ | ഉ | ണ | ക | ത | ഡ | ഡ | ഗ | ദ |
| ഖ | ആ | ഡ | ◌ൗ | ൽ | ൽ | യ | ◌ം | മ | ◌േ | ര | ◌് | പ | സ |
| ശ | ണ | ൽ | പ | ഉ | പ | ദ | ◌േ | ഷ | ◌് | ട | ◌ാ | വ | ◌് |
| ര | ◌ാ | ഷ | ◌് | ട | ◌് | ര | ◌ീ | യ | ◌ം | ട | ട | ച | ത |

ഉപദേഷ്ടാവ്
അംബാസഡർ
പൗരന്മാർ
സിവിക്
സംഘർഷം
സഹകരണം
ചർച്ച
എംബസി
വിദേശ
സർക്കാർ
മാനുഷിക
സമഗ്രത
നീതി
രാഷ്ട്രീയം
പ്രമേയം
സുരക്ഷ
പരിഹാരം

# 79 - Countries #1

| | | | | | | | | | | | | | |
|---|---|---|---|---|---|---|---|---|---|---|---|---|---|
| ര | ങ | ള | ഈ | ജ | ◌ി | പ | ◌് | ത | ◌് | ല | പ | ഇ | ഴ |
| വ | ◌െ | ന | ◌ി | സ | ◌് | വ | ◌േ | ല | ഫ | ഫഃ | ◌്ര | സ | ര |
| ര | ൽ | സ | ◌ീ | ര | ◌് | ബ | ച | ഖ | അ | ഡ | ള | ◌് | ദ |
| ജ | വ | ഗ | ◌് | ര | ◌ാ | ക | ക | ◌് | ◌ി | ന | ണ | ര | സ |
| റ | ർ | ഗ | ല | പ | ണ | ത | സ | ◌ാ | മ | ◌ാ | ◌് | ◌ാ | ത |
| ശ | ◌്ര | മ | ൾ | ആ | ◌െ | സ | ഫ | റ | ◌്ര | ക | ട | യ | ന |
| ഗ | ബ | മ | ◌് | ൻ | യ | യ | ൾ | ഇ | റ | ട | ◌് | ◌േ | ഷ |
| ഉ | ഖ | ◌ാ | ◌ാ | മ | ബ | ൽ | ◌ി | ആഃ | ◌്ര | അ | ല | ൽ | ഇ |
| ഖ | ഹ | ന | ത | ന | ന | ല | ണ | ൻ | ക | ജ | ◌ാ | ൻ | റ |
| ഷ | ശ | പ | യ | ബ | ◌ി | ◌ി | ല | പ | ◌് | ന | ത | എ | ◌് |
| ന | ◌േ | ◌ാ | ർ | വ | ◌േ | യ | ൾ | ക | ക | ആ | ◌് | സ | റ |
| ഫ | ◌ി | ൻ | ല | ◌ാ | ൻ | ഡ | ◌് | ങഃ | ◌്ര | യ | വ | ശ | ല |
| വ | ◌ി | യ | റ | ◌് | റ | ◌് | ന | ◌ാ | ◌ം | വ | ◌ി | ക | ◌ി |
| സ | ◌െ | ന | ഗ | ൽ | ഡ | ശ | ഫ | ആ | ഫ | ത | യ | സ | പ |

ബ്രസീൽ
കാനഡ
ഈജിപ്ത്
ഫിൻലാൻഡ്
ജർമ്മനി
ഇറാഖ്
ഇസ്രായേൽ
ഇറ്റലി
ലാത്വിയ
ലിബിയ
മൊറോക്കോ
നിക്കരാഗ്വ
നോർവേ
പനാമ
പോളണ്ട്
റൊമാനിയ
സെനഗൽ
സ്പെയിൻ
വെനിസ്വേല
വിയറ്റ്നാം

# 80 - Adjectives #1

| | | | | | | | | | | | | | |
|---|---|---|---|---|---|---|---|---|---|---|---|---|---|
| ആ | ൻ | ഫ | ത | ഗ | ൽ | ട | ഹ | ക | ട | ൺ | ണ | ജ | ക |
| ള | ല | ത | ണ | ശ | ◌ു | യ | മ | ◌ാ | ന | ◌ാ | മ | സ | വ |
| പ | ല | ന | ◌ം | ധ | ◌ാ | ര | ◌് | പ | പ | പ | ക | ശ | സ |
| മ | ന | ◌ോ | ഹ | ര | ◌ം | ഗ | ◌ു | ട | ണ | ◌് | ◌ു | ര | ഇ |
| ന | ◌േ | ർ | ത | ◌് | ത | ജ | ഉ | ത | ത | ൾ | പ | ച | ഉ |
| ക | ല | ◌ാ | പ | ര | മ | ◌ാ | യ | ത | ര | ത | ൻ | ◌ി | ദ |
| സ | ഹ | ◌ാ | യ | ക | ര | മ | ◌ാ | യ | ഗ | മ | ഷ | ദ | ◌ാ |
| ആ | ര | ◌ോ | മ | ◌ാ | റ | ◌് | റ | ◌ി | ക | ◌് | ◌ാ | ച | ര |
| പ | ത | ◌ു | ക | ◌് | ക | ◌െ | ബ | ഷ | ദ | ശ | ക | യ | മ |
| സ | ത | ◌് | യ | സ | ന | ◌് | ധ | മ | ◌ാ | യ | ◌േ | ക | ◌ാ |
| ആ | ക | ർ | ഷ | ക | മ | ◌ാ | യ | ഖ | ണ | ഡ | വ | ന | യ |
| ആ | ധ | ◌ു | ന | ◌ി | ക | വ | ഴ | ൻ | ച | ൾ | ല | ത | ബ |
| എ | ക | ◌് | സ | ◌ോ | ട | ◌് | ട | ◌ി | ക | ◌് | ഹ | ◌് | ഉ |
| അ | ഭ | ◌ി | ല | ◌ാ | ഷ | ◌ം | അ | ണ | ശ | ള | ള | ത | ബ |

കേവല
അഭിലാഷം
ആരോമാറ്റിക്
കലാപരമായ
ആകർഷകമായ
മനോഹരം
ഇരുണ്ട
എക്സോട്ടിക്
ഉദാരമായ
ഹാപ്പി
കനത്ത
സഹായകരമായ
സത്യസന്ധമായ
സമാനമായ
പ്രധാനം
ആധുനിക
ഗുരുതരമായ
പതുക്കെ
നേർത്ത

# 81 - Rainforest

| | | | | | | | | | | | | | |
|---|---|---|---|---|---|---|---|---|---|---|---|---|---|
| മ | ഫ | ന | ◌ം | വ | ജ | ◌ീ | ◌ി | ത | അ | ല | ബ | സ | ള |
| ത | ◌ഃ | ഷ്ര | ഗ | ദ | ങ | ഉ | യ | ആ | ഭ | ഹ | ഡ | സ | ആ |
| ഴ | പ | സ | ൾ | ക | വ | ◌ി | ◌ീ | ജ | യ | ഭ | ഉ | ◌് | പ |
| പ | ങ | ര | ◌് | ന | ഖ | എ | ക | ജ | ◌ം | ഗ | അ | ത | ◌് |
| പ | ◌ു | ന | ◌ഃ | സ | ◌് | ഥ | ◌ാ | പ | ന | ഉ | ൾ | ന | ര |
| ക | ◌ാ | ല | ◌ാ | വ | സ | ◌് | ഥ | ഫ | ക | ശ | ട | ◌ി | ക |
| ബ | ◌ൊ | ട | ◌് | ട | ◌ാ | ണ | ◌ി | ക | ◌് | ക | ൽ | ക | ◌ൃ |
| ആ | ദ | ര | വ | ◌് | മ | ◌േ | ഘ | ങ | ◌് | ങ | ൾ | ൾ | ത |
| സ | ◌ം | ര | ക | ◌് | ഷ | ണ | ◌ം | ആ | ശ | ട | ഗ | ത | ◌ി |
| പ | ക | ◌് | ഷ | ◌ി | ക | ൾ | ബ | ഷ | ദ | യ | ◌ി | ര | ശ |
| ജ | ൻ | പ | ◌് | ര | ◌ാ | ണ | ◌ി | ക | ള | ◌െ | ◌ം | ഹ | ജ |
| ഖ | സ | സ | ◌് | പ | ◌ീ | ഷ | ◌ീ | സ | ◌് | ഉ | ജ | ൻ | ബ |
| ഹ | ഴ | ൽ | എ | ൽ | യ | വ | ◌ൈ | വ | ◌ി | ധ | ◌് | യ | ◌ം |
| ക | മ | ◌് | മ | ◌് | യ | ◌ൂ | ണ | ◌ി | റ | ◌് | റ | ◌ി | ന |

ഉഭയജീവികൾ
പക്ഷികൾ
ബൊട്ടാണിക്കൽ
കാലാവസ്ഥ
മേഘങ്ങൾ
കമ്മ്യൂണിറ്റി
വൈവിധ്യം
പ്രാണികളെ
ജംഗിൾ
സസ്തനികൾ
മോസ്
പ്രകൃതി
സംരക്ഷണം
അഭയം
ആദരവ്
പുനഃസ്ഥാപന
സ്പീഷീസ്
അതിജീവനം

# 82 - Technology

| | | | | | | | | | | | | | |
|---|---|---|---|---|---|---|---|---|---|---|---|---|---|
| ഡ | ജ | ഉ | ഗ | ദ | ദ | ശ | ശ | ഡ | ണ | ങ | ഉ | ന | ഷ |
| ൽ | ◌ി | ബ | ◌് | ല | ◌്ര | ഗ | ◌് | ല | യ | ഫ | ഫ | ഡ | ൻ |
| ണ | ർ | സ | ര | ◌ൗ | ◌് | ബ | ക | ◌് | യ | ◌ാ | മ | റ | ര |
| ഡ | ഉ | ട | ◌് | ണ | ◌് | ◌്ര | ഫ | ബ | ൽ | ങ | ട | ർ | ◌ീ |
| വ | ◌ി | ങ | ച | പ | എ | ഗ | ഖ | ഷ | ഷ | സ | ൽ | ട | ക |
| ◌െ | അ | ജ | ഉ | എ | ◌് | ശ | വ | ഫ | എ | അ | ശ | ട | ◌് |
| ർ | ത | ത | ◌ി | ഗ | ശ | ല | എ | ◌േ | ഗ | വ | ഗ | ◌് | ◌് |
| ച | അ | സ | ◌് | റ | ◌ൈ | വ | ◌േ | ഹ | ഷ | ഉ | എ | യ | സ |
| ◌് | ഫ | സ | ◌് | റ | ◌് | റ | ◌് | ◌ൈ | ബ | ണ | ഗ | ◌ൂ | ◌ു |
| വ | ജ | ൾ | ണ | വ | ണ | റ | റ | ◌് | ◌ാ | ഡ | ◌ം | പ | ര |
| ൽ | ച | ഫ | ഫ | ഫ | ഫ | ദ | ൽ | ൾ | ള | ൻ | ശ | ◌് | ക |
| ൾ | അ | ഇ | ന | ◌് | റ | ർ | ന | ◌െ | റ | ◌് | റ | ◌് | ◌് |
| സ | ◌്ര | ഫ | ◌് | റ | ◌് | റ | ◌് | വ | ◌െ | യ | ർ | മ | ഷ |
| ക | ഴ | ◌് | സ | ർ | സ | ന | ◌് | ദ | ◌േ | ശ | ◌ം | ക | ഖ |

ബ്ലോഗ്
ബ്രൗസർ
ബൈറ്റ്സ്
ക്യാമറ
കമ്പ്യൂട്ടർ
കഴ്സർ
ഡാറ്റ
ഡിജിറ്റൽ
ഡിസ്പ്ലേ
ഫയല്

ഫോണ്ട്
ഇന്ററർനെറ്റ്
സന്ദേശം
ഗവേഷണം
സ്ക്രീൻ
സുരക്ഷ
സോഫ്റ്റ്വെയർ
വെർച്ചൽ
വൈറസ്

# 83 - Landscapes

| | | | | | | | | | | | | | |
|---|---|---|---|---|---|---|---|---|---|---|---|---|---|
| അ | ൽ | ഉ | ഉ | ശ | ഹ | ജ | അ | ഒ | ദ | ച | ത | ച | ങ |
| ൽ | ഴ | ൾ | ക | ൾ | സ | ഉ | ക | യ | ◌് | ത | ട | ◌െ | പ |
| ദ | ങ | ◌ി | പ | ൾ | അ | ണ | സ | ◌ാ | വ | ◌ു | ◌ാ | യ | ച |
| ൽ | ഷ | ത | മ | ച | ഉ | ക | മ | സ | ◌ീ | പ | ക | ◌് | ൽ |
| യ | ൾ | ◌ാ | ഹ | ◌ു | ഗ | ട | ◌ു | ◌ി | പ | ◌് | ◌ം | യ | ര |
| ത | ള | ഴ | ഫ | ദ | ഖ | ൽ | ദ | സ | ◌് | പ | ര | ◌ു | വ |
| ക | ഉ | ◌് | സ | ൺ | ഡ | ◌ം | ◌് | ◌് | ഷ | ◌് | ക | ന | ബ |
| യ | ഷ | വ | ഉ | ന | ശ | ശ | ര | ത | വ | ക | ജ | ◌് | ◌ീ |
| ൽ | ര | ര | യ | ◌ി | ൻ | ക | ◌ം | ഫ | എ | ണ | ഫ | ന | ച |
| ന | ദ | ◌ി | റ | മ | ഉ | ൾ | ക | ◌് | ക | ട | ൽ | ◌ു | ◌് |
| ക | ന | ഉ | ല | ◌ാ | ത | ബ | ര | ഷ | ഫ | ഴ | ന | ഴ | ച |
| അ | ഗ | ◌് | ന | ◌ി | പ | ർ | വ | ◌് | വ | ത | ◌ം | സ | ◌് |
| ന | ല | യ | ഫ | ഹ | യ | മ | ◌ി | ഭ | ◌ൂ | ◌ു | ര | മ | ല |
| വ | ◌െ | ള | ◌് | ള | ച | ◌് | ച | ◌ാ | ട | ◌് | ട | ◌ം | യ |

ബീച്ച്
ഗുഹ
പാറ
ഉൾക്കടൽ
മരുഭൂമി
ഡൺസ്
അഴിമുഖം
ഹിമാനി
ദ്വീപ്
തടാകം

മല
ഒയാസിസ്
സമുദ്രം
നദി
കടൽ
ചതുപ്പ്
ചെയ്യുന്നു
താഴ്വര
അഗ്നിപർവ്വതം
വെള്ളച്ചാട്ടം

# 84 - Visual Arts

| | | | | | | | | | | | | | |
|---|---|---|---|---|---|---|---|---|---|---|---|---|---|
| ഹ | വ | വ | ◌ാ | സ | ◌് | ത | ◌ു | വ | ◌ി | ദ | ◌് | യ | ച |
| അ | ◌ാ | സ | ർ | ഗ | ◌ാ | ത | ◌് | മ | ക | ത | ട | ഷഃ | ◌ാ |
| അ | ർ | ഛ | ◌ാ | യ | ◌ാ | ച | ◌ി | ത | ◌് | ര | ◌ം | ക | ക |
| ള | ണ | ◌് | ണ | ◌് | മ | ◌ി | ള | ക | സ | ട | ക | മ | ◌് |
| ല | ◌ി | ൽ | സ | ◌ി | ൻ | റ | ◌െ | റ | ◌് | ◌് | സ | ൺ | ക |
| ൽ | ഷ | പ | ◌േ | ന | ഡ | വ | ന | ന | ക | പ | ഴ | പ | ◌് |
| സ | ◌് | പ | ◌ീ | ർ | റ | റ | ◌് | സ | ◌് | ◌ാ | മ | ◌ാ | ഫ |
| ◌ി | മ | ◌െ | ഴ | ◌ു | ക | ◌് | ര | ശ | മ | പ | ന | ത | ബ |
| ൻ | ഘ | വ | ജ | എ | ദ | ഗ | ക | ◌ി | ◌ി | ◌് | ◌ി | ◌് | വ |
| ◌െ | ല | ട | ഗ | ച | ങ | ക | ◌ാ | ല | റ | ച | ◌ി | ര | ണ |
| പ | ത | സ | ന | അ | വ | ൻ | ◌ാ | ◌് | ◌ാ | ഴ | സ | ങ | ക |
| ഡ | ണ | സ | ഈ | ര | ജ | ത | ല | പ | ◌െ | ◌് | ശ | ◌് | ട |
| ള | ൻ | ച | സ | ല | ഫ | ൻ | ക | ◌ം | സ | ◌ാ | ത്ര | ങ | യ |
| ൽ | ശ | പ | ൽ | എ | അ | ഹ | ല | ഉ | ള | ക | ണ | ൾ | ത |

വാസ്തുവിദ്യ
കലാകാരന്
സെറാമിക്സ്
ചോക്ക്
കരി
കളിമണ്ണ്
ഘടന
സർഗാത്മകത
ഈസൽ
സിനിമ
മാസ്റ്റർപീസ്
പേന
പെൻസിൽ
കാഴ്ചപ്പാട്
ഛായാചിത്രം
മൺപാത്രങ്ങൾ
ശില്പം
സ്റ്റെൻസിൽ
വാർണിഷ്
മെഴുക്

# 85 - Plants

പ എ ത ഖ ഹ ഷ ച മ ത എ വ ക സ പ
◌ൊ ഷ ണ ണ സ ണ ശ ◌ു ഉ ല ന ള സ ◌ൂ
ത ഷ ◌ം ക ◌് ◌ൃ വ ള ഖ എ ◌ം ◌് ◌് വ
◌ു ◌് ള വ ◌ഃ ◌ൃ ട ◌ം ട ◌് ◌ഃ ◌ൃ ത ള യ ◌്
വ ◌ു വ ന മ ട ◌് ങ ഹ ശ ള ◌ി ജ വ
◌ാ ബ ദ ജ ബ ഴ ഫ ◌ൃ ട ള ജ ച ◌ാ ◌െ
യ അ ദ ഫ അ പ യ വ വ ആ ൻ ◌് ല ജ
റ ◌ൂ ട ◌് ട ◌് ◌ു ◌ി ട ശ ഖ ച ങ ◌ി
ല ക ണ ഷ ള ല റ ല ◌ഃ ◌ൃ ◌് ഫ ◌െ ◌് റ
ക എ ഴ ഹ ജ ഖ ◌ി ര ◌് ദ ന ട ങ ◌്
ബ ക ശ ഫ ട ബ ◌െ ൻ ല ല ഴ ◌ി ള റ
ആ ഹ ൾ ച ൻ ◌ീ ബ ഢ ഗ ന ◌് പ ◌ി ◌േ
സ ഴ ൻ ങ ങ അ ഷ ഫ ഇ ത ള ◌് ൽ ഷ
ട ഫ ഹ എ ബ ഷ ജ ട ര ഢ ള ള ആ ൻ

മുള
ബീൻ
ബെറി
പൊതുവായ
ബുഷ്
കള്ളിച്ചെടി
വളം
ഫ്ലോറ
പൂവ്
സസ്യജാലങ്ങളിൽ
വനം
തോട്ടം
പുല്ല്
ഐവി
മോസ്
ഇതള്
റൂട്ട്
തണ്ട്
വൃക്ഷം
വെജിറ്റേഷൻ

# 86 - Countries #2

ക ഷ ര എ പ ◌ാ ക ◌ി സ ◌് ഥ ◌ാ ൻ ല<br>
ഴ ൾ ഡ ഖ ത സ ◌ാ ◌്ര മ ◌ാ ല ◌ി യ ദ ഖ<br>
സ ൻ കഃ ◌്ര ക ◌് സ ◌ി ക ◌് ◌െ മ ര ര<br>
ര ◌ു യ ആ ൾ സ യ ഉ ഗ ◌ാ ണ ◌് ട ല<br>
ള ഹ ഡ ട ച അ ഖഃ ◌്ര ട എ ശ ഡ ഡ ◌ാ<br>
ഡ ൾ പ ◌ാ പ ◌് ◌േ ന പ ഡ ണ ഡ ◌െ വ<br>
ങ ത സ ജ ൻ ന ബ ◌െ ല ◌് ട സ ൻഃ ◌ാ<br>
ന ◌ൈ ജ ◌ീ ര ◌ി യ ഹ ദ ഷ യ ദ മ സ<br>
ഗ ജ ജ ല ജ മ ◌ൈ ക ◌് ക ശ ങ ◌ാ ◌്<br>
◌് പ സ യ ണ അ ൽ ബ ◌േ ന ◌ി യ ർ ഗ<br>
ര ◌് ആ ◌ി ഗ ല ◌ൈ ബ ◌ീ ര ◌ി യ ക ഫ<br>
◌ീ പ ണ യ റ ◌ി റ ◌് ◌ൈ ഹ ക ജ ◌് ഹ<br>
സ ◌ാ സ ആ ത ◌ി ത പ ൻ ര ◌േ ◌് ക ഉ<br>
◌് ൻ ര ഡ അ സ യ ◌് ഷ റ ട ഴ ◌് ഹ

അൽബേനിയ<br>
ഡെൻമാർക്ക്<br>
എത്യോപ്യ<br>
ഗ്രീസ്<br>
ഹൈറ്റി<br>
ജമൈക്ക<br>
ജപ്പാൻ<br>
ലാവോസ്<br>
ലെബനൻ<br>
ലൈബീരിയ<br>
മെക്സിക്കോ<br>
നേപ്പാൾ<br>
നൈജീരിയ<br>
പാകിസ്ഥാൻ<br>
റഷ്യ<br>
സൊമാലിയ<br>
സുഡാൻ<br>
സിറിയ<br>
ഉഗാണ്ട<br>
ഉക്രേൻ

# 87 - Adjectives #2

| | | | | | | | | | | | | | |
|---|---|---|---|---|---|---|---|---|---|---|---|---|---|
| ല | ആ | ആ | ശ | മ | അ | ച | വ | ങ | ര | സ | വ | വ | പ |
| ക | ധ | യ | ന | ◌ം | മ | ◌ാ | ◌ി | ഭ | അ | ◌ൃ | ◌ൈ | ജ | ◌് |
| മ | ◌ി | ങ | പ | ഷ | ഷ | ൻ | ശ | ഡ | സ | ഷ | ൽ | ഴ | ര |
| ത | ക | ജ | ◌് | ക | യ | ശ | ക | ഉ | മ | ◌് | ഡ | ത | ക |
| ◌് | ◌ാ | അ | ര | ◌് | എ | ക | ◌് | ത | ◌് | ട | ◌് | ഖ | ◌ൃ |
| ണ | ര | ജ | ശ | ന | ഉ | ◌് | ക | ◌് | മ | ◌ി | ഫ | ള | ത |
| ◌ാ | ◌ി | ക | സ | ദ | ഹ | ത | ◌ു | ത | ◌ാ | പ | ത | ള | ◌ി |
| ര | ക | ◌ം | ◌് | ◌ാ | ൾ | മ | ന | ര | ന | ര | ഹ | ◌് | ച |
| വ | സ | ◌് | ത | പ | ര | ◌ാ | ◌് | വ | ◌ി | മ | ശ | ട | ത |
| ◌ി | ഡ | ക | ണ | ൽ | ◌ു | യ | ന | ◌ാ | ച | ◌ാ | ഹ | ◌ു | ഉ |
| വ | ങ | റ | ര | ഉ | ട | ത | ◌ു | ദ | ◌് | യ | പ | ◌ൂ | ൾ |
| ഉ | അ | ഉ | ന | മ | ച | ഹ | ◌ി | ◌ി | ച | ഴ | പ | ച | ഴ |
| ഡ | ◌് | ര | ◌ൈ | വ | ◌ാ | ഴ | എ | യ | ◌ു | ണ | ഖ | ല | ഴ |
| അ | ത | ഡ | ഉ | ഷ | ക | യ | ഉ | പ | ◌് | പ | ◌് | യ | ഖ |

ആധികാരിക
സൃഷ്ടിപരമായ
വിവരണാത്മക
ഡ്രൈ
ത്ത
പ്രശസ്ത
സമ്മാനിച്ചു
ചൂടുള്ള
വിശക്കുന്നു
രസകരമായ
പ്രകൃതി
പുതിയ
ഉൽപാദനക്ഷമം
അഭിമാനം
ഉത്തരവാദി.
ഉപ്പ്
ഉറക്കം
ശക്തമായ
വൈൽഡ്

# 88 - Psychology

| | | | | | | | | | | | | | |
|---|---|---|---|---|---|---|---|---|---|---|---|---|---|
| സ | ൽ | ദ | ദ | ച | ക | ഫ | ഷ | ജ | ൾ | ണ | വ | ത | റ |
| ൽ | ◌് | ശ | ക | ൽ | ◌ി | യ | ബ | വ | ങ | സ | ◌് | ◌െ | ◌ി |
| ച | ര | വ | ൽ | ക | ജ | ന | ൻ | അ | ങ | ഉ | യ | റ | യ |
| ഖ | ല | ഗ | പ | ക | യ | ൻ | ◌് | ല | ◌് | സ | ക | ◌ാ | ◌ാ |
| ച | ബ | ര | ച | ◌് | ഫ | ഷ | യ | ത | ര | ൻ | ◌് | പ | ല |
| അ | ഡ | ആ | ള | ന | ന | ള | ഹ | ൻ | ക | ണ | ത | ◌് | ◌ി |
| ആ | റ | ല | ഉ | ◌ി | ണ | ങ | യ | ല | ◌ാ | ൾ | ◌ി | പ | റ |
| ജ | ച | ◌ി | ഹ | ല | ജ | ച | ◌് | ത | ◌ി | പ | ത | ◌ി | ◌് |
| ഷ | ന | ന | വ | ◌ി | അ | ദ | ഷ | ങ | വ | ◌് | ◌് | സ | റ |
| സ | ഫ | ◌ം | അ | ◌് | ധ | ◌ാ | ര | ണ | ൾ | ര | വ | ◌ം | ◌ി |
| അ | ന | മ | ച | ക | ള | ഉ | വ | ഫ | ല | ശ | ◌ം | ഘ | ഷ |
| ആ | ശ | യ | ങ | ◌് | ങ | ൾ | ണ | സ | ക | ◌് | ഹ | ർ | ദ |
| ണ | ദ | ◌ി | ണ | ഹ | ത | ത | അ | പ | ഡ | ന | അ | ഷ | സ |
| ര | ര | ന | ◌ം | ദ | വ | ◌േ | ◌ം | സ | ജ | ◌ം | ൽ | ◌ം | ആ |

നിയമനം
ക്ലിനിക്കൽ
അറിവ്
സംഘർഷം
സ്വപ്നങ്ങൾ
അഹം
വികാരങ്ങൾ
ആശയങ്ങൾ

ധാരണ
വ്യക്തിത്വം
പ്രശ്നം
റിയാലിറ്റി
സംവേദനം
തെറാപ്പി
ചിന്തകൾ

# 89 - Math

വ ◌് ള റ റ ◌് ◌ു ച ൽ പ സ വ ന ൾ
ട ◌് സ മ ◌ാ ന ◌് ത ര ◌ം മ അ എ ആ
എ അ യ ച ദ ള ബ ഡ ദ സ മ ശ ക ന
ക ശ ◌ം ◌ാ ശ ദ ച ണ ഡ ത ◌ി യ ◌് മ
ആ ആ ഡ ബ സ ശ ഫ ◌ം ൾ ള ത ൽ സ ◌്
വ ര ശ ബ ല ◌ം ട ക ക ഷ ◌ി ജ ◌് പ
ത ണ ◌ം ൾ ഡ ൺ ഗ ഃ ◌േ ള ◌ി ഃ ◌േ പ പ റ
ഗ ല ◌ം ഫ ഖ ത ണ ര ◌ു ല എ യ ഃ ◌േ ◌ു
ജ ക അ ശ ബ ത ◌ി ◌ി ഗ ആ ഹ ഴ ണ ക
ൻ ഷ വ ◌ി ◌ി ഡ ത ◌് ◌ി ശ ന ശ ന ൾ
ക ബ ഖ ല വ എ യ ത ◌ം ബ ബ ഡ ◌് ജ
സ മ വ ◌ാ ക ◌് യ ◌ം ആ ◌് ശ ൻ റ പ
ദ ◌ീ ർ ഘ ച ത ◌ു ര ◌ം ദ ഹ ഫ ◌് ജ
ജ ◌് യ ◌ാ മ ◌ി ത ◌ി അ ◌ം ദ ബ ൾ ദ

ആംഗിളുകൾ
ഗണിത
ദശാംശ
വ്യാസം
ഡിവിഷൻ
സമവാക്യം
എക്സ്പോണന്റ്
അംശം
ജ്യാമിതി
നമ്പറുകൾ
സമാന്തരം
ചുറ്റളവ്
പോളിഗോൺ
ആരം
ദീർഘചതുരം
കവല
സം
സമമിതി
ത്രികോണം
ശബ്ദം

# 90 - Water

ച ◌ു ഴ ല ◌ി ക ◌് ക ◌ാ റ ◌് റ ◌് ക
ഡ ങ ൽ ണ ◌ം ര ക പ ◌ീ ഷ ◌് ◌ാ ബ ന
ഞ ഗ ദ ള ജ ◌ം ഹ എ അ വ യ ഡ പ ◌ാ
◌് ഹ ശ ജ ല ദ ങ ല ങ ദ ബ ഷ ശ ൽ
ഞ ഴ ബ ല ഞ ◌് ◌് ഞ മ ത ട ◌ാ ക ◌ം
ന ദ ◌ി സ ഞ ◌ു ◌ം ◌് ഞ മ ശ ൺ അ ല
ന ആ അ ◌േ ദ മ ആ വ ◌ി ൾ ാ എ ◌ൂ ഉ പ
ഹ ൾ ആ ച ർ സ യ ◌് ◌െ ഗ ല സ ട പ
ൽ ജ ന ന വ ര ള ഈ മ ഴ ര ൺ ◌് എ
അ വ ഗ ◌ം ഷ യ വ ഹ ർ ങ ത മ ആ ഉ
ജ ന അ ൽ ബ ള അ ട ഷ പ ഖ ഡ ഗ ൾ
ക ◌ം ക ◌് പ ◌ൊ പ ◌് ള ള ◌് ◌െ വ ദ
ൻ ര ൽ അ ഹ ങ സ ഗ ശ ദ ൻ പ ഗ ഫ
ള ബ ച ണ ണ ണ ൻ സ ക ങ ട ന ◌ം ണ

കനാൽ
നനഞ്ഞ
ബാഷ്പീകരണം
വെള്ളപ്പൊക്കം
മഞ്ഞ്
ഗെയ്സർ
ചുഴലിക്കാറ്റ്
ഐസ്
ജലസേചനം
തടാകം
ഈർപ്പം
മൺസൂൺ
സമുദ്രം
മഴ
നദി
ഷവർ
മഞ്ഞും
ലഹരി
ആവി

# 91 - Activities

| | | | | | | | | | | | | | |
|---|---|---|---|---|---|---|---|---|---|---|---|---|---|
| ഫ | ഫ | ൾ | ഗ | ദ | ആ | ത | സ | ദ | ക | ന | യ | ◌ാ | വ |
| ഃ◌( | മ | ൽ | ൽ | ന | ഫ | ◌ാ | ഢ | വ | ൽ | ◌ൃ | ര | ജ | ഫ |
| ട | ത | ൽ | വ | ശ | ല | ൽ | യ | ◌് | യ | ത | ല | ന | ആ |
| ◌് | ◌് | ബ | ഗ | ന | പ | പ | ഢ | ച | ച | ◌് | ഉ | ഗ | ച |
| ട | സ | ഖ | ◌് | ണ | ങ | ◌് | ക | ത | ഖ | ത | ൽ | ൻ | ണ |
| ഃ◌( | ◌് | ര | പ | ഷ | ത | പ | ന | ൻ | പ | ◌ം | ജ | യ | ര |
| ഗ | യ | ബ | ◌ി | ◌ം | ൽ | ര | ക | ല | ൽ | ട | അ | ഗ | ശ |
| ◌് | ബ | ന | ◌ം | ത | ത | ◌് | ർ | വ | ര | ◌് | പ | ◌െ | പ |
| ര | ന | യ | മ | ഃ◌( | വ | യ | വ | ത | സ | ട | മ | യ | സ |
| ◌ാ | ◌് | ◌ാ | ◌് | ◌് | ച | ങ | ◌ി | ട | ◌് | ◌് | ◌ാ | ◌ി | ◌ി |
| ഫ | ധ | ◌് | യ | ന | ന | ◌് | ന | ഇ | ക | യ | ജ | മ | ല |
| ◌ി | ന | ദ | ◌ാ | സ | ദ | ങ | ഃ◌( | ള | ◌ി | ◌ാ | ◌ി | ◌ു | ◌ു |
| ഉ | ◌ം | ഉ | ◌് | അ | അ | ൾ | ദ | വ | ൽ | ◌ാ | ക | ക | ക |
| ല | ശ | ◌ൗ | ക | ര | ക | ഢ | ◌ം | ◌് | ഉ | ന | ◌് | ൾ | ൾ |

പ്രവർത്തനം
കല
ക്യാമ്പിംഗ്
കരകൌശല
നൃത്തം
മത്സ്യബന്ധനം
ഗെയിമുകൾ
ഉദ്യാന
നായാട്ട്
താൽപ്പര്യങ്ങൾ
വിനോദം
മാജിക്
ഫോട്ടോഗ്രാഫി
സന്തോഷം
പസിലുകൾ
വായന
ഇളവ്
തയ്യൽ
സ്കീൽ

# 92 - Business

| | | | | | | | | | | | | | |
|---|---|---|---|---|---|---|---|---|---|---|---|---|---|
| ഫ | ◌ാ | ക | ◌് | ട | റ | ◌ി | ദ | ന | ഡ | ജ | വ | ങ | ല |
| ട | ഖ | ഡ | മ | ട | ല | ◌ു | ഴ | ◌ി | ◌ഃ | ത | ര | ഷ | വ |
| എ | ന | പ | പ | ◌് | ൽ | ◌ി | വ | ക | ര | ൽ | ◌ു | ദ | വ |
| ല | ◌ാ | ഭ | ◌ം | ണ | പ | ല | ഉ | ◌് | ര | ല | മ | ഡ | ന |
| ദ | ൾ | ൾ | ച | ◌് | പ | ജ | ഹ | ഷ | എ | സ | ◌ാ | എ | ൾ |
| എ | ൾ | യ | ങ | ക | മ | വ | എ | ◌േ | ക | ൻ | ന | ഴ | ച |
| ങ | ക | യ | ത | ◌ൗ | ക | ◌ാ | ൾ | പ | ന | ട | ◌ം | ശ | ര |
| ഫ | ത | ഖ | ദ | സ | ബ | ങ | ന | ◌ം | ർ | യ | ◌ി | ര | ക |
| ജ | ◌ി | ക | മ | ◌് | പ | ന | ◌ി | ◌േ | ച | ട | ങ | ഇ | ◌് |
| ഡ | ക | ന | പ | ◌ി | ല | ക | അ | ശ | ജ | ണ | ക | ട | ക |
| പ | ◌ു | ണ | ◌ാ | ഡ | ഉ | ഗ | ദ | ഗ | ശ | ർ | റ | പ | ◌് |
| ണ | ◌ി | ൻ | ൽ | ൻ | ബ | ജ | റ | ◌് | റ | ◌് | ൻ | ◌ാ | ഉ |
| ത | ന | ഖ | ൽ | പ | സ | ◌് | ◌ീ | ഫ | ഓ | സ | സ | ട | ൻ |
| സ | ല | യ | ന | ൾ | വ | ◌് | ല | ◌െ | ച | ശ | ◌ി | ◌് | ഷ |

ബജറ്റ്
കരിയർ
കമ്പനി
ചെലവ്
കറൻസി
ഡിസ്കൗണ്ട്
തൊഴിലുടമ
ഫാക്ടറി
ഫിനാൻസ്
വരുമാനം
നിക്ഷേപം
മാനേജർ
ചരക്ക്
പണം
ഓഫീസ്
ലാഭം
വിൽപ്പന
കട
നികുതികൾ
ഇടപാട്

# 93 - The Company

| | | | | | | | | | | | | | |
|---|---|---|---|---|---|---|---|---|---|---|---|---|---|
| ര | പ | ന | വ | അ | ൽ | ൻ | എ | ത | സ | സ | ള | ണ | ത |
| ഉ | ബ | ◌് | ◌ി | ഫ | പ | ന | ഉ | ◌ി | ◌ാ | ◌ൃ | ന | എ | ◌ീ |
| ഴ | അ | അ | ര | ക | ൻ | ക | ബ | ഗ | ധ | ഷ | ത | അ | ര |
| ൻ | ജ | ഴ | ഴ | ◌്ര | ◌് | ണ | ട | ര | ◌് | ◌് | ◌്ര | വ | ◌ു |
| യ | ല | ഉ | ദ | ബ | ഫ | ഷ | അ | ◌്ര | യ | ട | ഴ | ത | മ |
| ◌ം | വ | ◌േ | ത | ന | ◌ം | ഷ | ◌േ | ◌ു | ത | ◌ി | ◌ി | ര | ◌ാ |
| സ | ഷ | ഡ | ങ | ബ | ഡ | ൾ | ണ | പ | ന | പ | ൽ | ണ | ന |
| ◌ാ | ഡ | ഷ | ജ | ക | ന | അ | ട | ൽ | ◌ം | ര | ന | ◌ം | ◌ം |
| വ | ഉ | ത | ◌് | പ | ന | ◌് | ന | ◌ം | പ | മ | ◌ൂ | പ | ഴ |
| യ | ◌ൂ | ണ | ◌ി | റ | ◌് | റ | ◌ു | ക | ൾ | ◌ാ | ത | പ | ഷ |
| ◌് | ബ | ◌ി | സ | ◌ി | ന | സ | ◌് | സ | ◌് | യ | ന | ബ | ങ |
| വ | ട | ◌് | ര | ◌െ | ൻ | ഡ | ◌ു | ക | ൾ | ഡ | മ | ച | ൻ |
| വ | ◌ി | ഭ | വ | ങ | ◌് | ങ | ൾ | ണ | അ | വ | ◌ാ | ത | ച |
| ഫ | ൾ | സ | വ | ര | ◌ു | മ | ◌ാ | ന | ◌ം | ൽ | യ | ൽ | ള |

ബിസിനസ്സ്
സൃഷ്ടിപരമായ
തീരുമാനം
തൊഴിൽ
വ്യവസായം
നൂതനമായ
നിക്ഷേപം
സാധ്യത
അവതരണം
ഉത്പന്നം
പ്രൊഫഷണൽ
പുരോഗതി
വിഭവങ്ങൾ
വരുമാനം
അപകട
ട്രെൻഡുകൾ
യൂണിറ്റുകൾ
വേതനം

# 94 - Literature

| | | | | | | | | | | | | | |
|---|---|---|---|---|---|---|---|---|---|---|---|---|---|
| ജ | ൽ | ൽ | ഖ | ശ | ഴ | ബ | ഹ | ള | ആ | ദ | ഫ | ൽ | ദ |
| ഹ | ◌ീ | ഷ | ര | ശ | ത | ത | ല | വ | സ | ൾ | ഗ | ബ | ഉ |
| ◌ാ | ഷ | വ | ര | ആ | യ | ◌ം | മ | ◌് | ത | ര | ◌ാ | ത | സ |
| സ | ന | ക | ച | ബ | ത | ◌ീ | സ | ത | ഥ | ക | ൾ | ◌ം | ◌ം |
| ◌് | ന | ബ | ധ | ര | ഗ | ത | വ | ◌ാ | ഗ | വ | അ | ന | ഭ |
| യ | ◌ം | ജ | ന | ല | ◌ി | ◌ൈ | ശ | ◌ി | ഉ | ◌ി | ആ | ◌് | ◌ാ |
| ക | ല | സ | ◌ഃ | ണ | ധ | ത | ൻ | യ | വ | ത | അ | ര | ഷ |
| ഷ | ക | ഴ | വ | ഷ | പ | ഗ | ◌് | ച | ഖ | ര | വ | ◌ു | ണ |
| ള | ശ | സ | ൽ | ക | ബ | ഫ | അ | ര | ട | ച | ണ | ദ | ◌ം |
| ഫ | ◌ി | ക | ◌് | ഷ | ൻ | ങ | ട | ല | ◌ം | ൾ | ത | ◌ം | ത |
| ത | വ | ക | ◌ാ | വ | ◌് | യ | ◌ാ | ത | ◌് | മ | ക | ◌ം | ◌ാ |
| ഉ | പ | സ | ◌ം | ഹ | ◌ാ | ര | ◌ം | ൾ | അ | എ | വ | ക | ള |
| ൽ | അ | ൾ | ഗ | ൻ | ദ | ള | ഷ | ത | യ | യ | ട | ബ | ◌ം |
| ആ | ഖ | ◌് | യ | ◌ാ | ത | ◌ാ | വ | ◌് | ര | ◌ൂ | പ | ക | ◌ം |

വിശകലനം
കഥ
രചയിതാവ്
ജീവചരിത്രം
താരതമ്യം
ഉപസംഹാരം
വിവരണം
സംഭാഷണം
ഫിക്ഷൻ
രൂപകം
ആഖ്യാതാവ്
നോവൽ
കവിത
കാവ്യാത്മകം
ഹാസ്യ
താളം
ശൈലി
തീം
ദുരന്തം

# 95 - Geography

| | | | | | | | | | | | | | |
|---|---|---|---|---|---|---|---|---|---|---|---|---|---|
| അ | സ | ത | ൻ | ള | ര | ൾ | ശ | ഭ | ബ | ഷ | എ | പ | മ |
| ക | മ | ഫ | ശ | സ | ◌ാ | ട | ജ | ◌ൂ | സ | ഗ | ത | ട | െ◌ |
| ◌് | ◌ു | ഫ | പ | ജ | ജ | പ | ഹ | ഖ | ദ | ദ | യ | ◌ി | റ |
| ഷ | ദ | ക | ട | ൽ | ◌് | ഷ | ഹ | ണ | ആ | ൽ | ൻ | ഞ | ◌ി |
| ◌ാ | ◌് | ക | ട | ബ | യ | ക | ◌് | ◌് | ക | ട | വ | ◌് | ഡ |
| ◌ം | ര | യ | ബ | ൽ | ◌ം | എ | ദ | ഡ | മ | ഉ | ഗ | ഞ | ◌ി |
| ശ | ◌ം | പ | ◌് | വ | ◌ീ | ◌് | ദ | ◌ം | ല | വ | ള | ◌ാ | യ |
| ◌ം | ◌ി | ബ | ◌് | ഭ | ◌ൂ | പ | ട | ◌ം | ജ | സ | ര | റ | ൻ |
| വ | ദ | ഖ | ഡ | ര | ത | ന | എ | ര | ഗ | വ | ര | ◌് | ഗ |
| ഫ | ന | ഗ | ര | ◌ം | ദ | െ◌ | ൽ | ൽ | ണ | ഹ | ള | അ | ൻ |
| ന | ല | വ | ത | ര | ബ | േ◌ | ക | അ | ല | േ◌ | ◌ാ | ക | ◌ം |
| ൾ | ഫ | ഗ | ഖ | യ | ട | ശ | ശ | ◌് | ൾ | ആ | യ | ക | ൾ |
| ഡ | അ | ച | ര | ഉ | ട | ഡ | ത | ◌ം | ക | ശ | ൻ | ള | ല |
| ഴ | ൽ | ദ | ൾ | ഖ | ൾ | സ | ◌് | ല | റ | ◌് | ◌് | റ | അ |

ഉയരം
അറ്റ്ലസ്
നഗരം
ഭൂഖണ്ഡം
രാജ്യം
ദ്വീപ്
അക്ഷാംശം
ഭൂപടം
മെറിഡിയൻ
മല
വടക്ക്
സമുദ്രം
നദി
കടൽ
തെക്ക്
പ്രദേശം
പടിഞ്ഞാറ്
ലോകം

# 96 - Pets

| | | | | | | | | | | | | | |
|---|---|---|---|---|---|---|---|---|---|---|---|---|---|
| മ | വ | യ | ദ | ആ | ച | ദ | ണ | ഗ | ഉ | ക | ൾ | ജ | ഡ |
| ക | ത | ല | ങ | പ | ൻ | പ | ഷ | സ | യ | ട | ഴ | ശ | ണ |
| ല | ◌ി | ◌് | ല | പ | ശ | ന | ◌ൂ | ഗ | ഴ | ല | ബ | ങ | ല |
| ◌ാ | ഉ | ള | സ | സ | ഡ | ദ | ◌ാ | ച | ത | ◌ാ | ഫ | ഡ | ങ |
| മ | ണ | ◌ം | ഷ | ◌് | ക | ഭ | അ | യ | ◌് | മ | ബ | പ | യ |
| ആ | ഉ | ള | ന | ◌്യ | യ | ട | ഉ | ന | ട | ച | ഷ | ഹ | ക |
| ദ | സ | ◌് | ട | മ | ആ | ◌ം | ര | ൽ | ആ | ദ | ഹ | ശ | ക |
| ച | ഷ | ◌െ | ത | ◌ു | പ | ശ | ◌ു | ◌ാ | ല | ണ | പ | ഷ | ന |
| ച | ൽ | വ | ച | യ | മ | ◌ൃ | ഗ | വ | ◌ൈ | ദ | ന | ◌് | ൻ |
| ത | ഫ | ഷ | വ | ൽ | ന | ഖ | ങ | ◌് | ങ | ൾ | ബ | ങ | ക |
| പ | ◌ൂ | ച | ◌് | ച | ക | ◌് | ക | ◌ു | ട | ◌് | ട | ◌ി | ഉ |
| ആ | ത | സ | ജ | ബ | ണ | ന | ഗ | ജ | വ | ക | ഴ | ല | ഗ |
| ത | ത | ◌് | ത | ഹ | ഡ | ല | വ | ങ | ൽ | ന | ഖ | എ | ശ |
| ങ | ക | ക | യ | ബ | ഫ | എ | ഖ | ള | അ | ച | ണ | ശ | ൽ |

പൂച്ച
നഖങ്ങൾ
മാല
പശു
നായ
മത്സ്യം
ഭക്ഷണം
ആട്
എലി
പൂച്ചക്കുട്ടി
പല്ലി
മൌസ്
തത്ത
മുയൽ
വാൽ
കടലാമ
മൃഗവൈദന്
വെള്ളം

# 97 - Jazz

| | | | | | | | | | | | | | |
|---|---|---|---|---|---|---|---|---|---|---|---|---|---|
| ഓ | സ | ◌ാ | ങ | ◌് | ക | ◌േ | ത | ◌ി | ക | ത | ത | ൻ | ഡ |
| പ | ർ | ഘ | ട | ന | ൽ | ത | ശ | ◌ൈ | ല | ◌ി | ◌ാ | ഡ | ള |
| ◌് | ശ | ക | ഗ | ക | യ | ഡ | ഴ | ത | ൾ | സ | ള | ച | യ |
| ര | പ | ശ | ◌് | ൻ | വ | ൻ | എ | ര | ൻ | സ | ◌ം | ൾ | ഡ |
| ◌ി | ത | ◌ു | ആ | ക | ന | ങ | ശ | ◌ം | ബ | ൽ | ആ | ഉ | ശ |
| യ | വ | ബ | ത | ഹ | സ | റ | ജ | ഫ | ഷ | ങ | ല | ഖ | ള |
| പ | ഡ | ജ | ൽ | ◌ി | ആ | ◌് | ബ | ത | ◌ം | ഗ | ◌ീ | ◌ം | സ |
| ◌് | ച | ഹ | ട | ര | യ | ന | ട | ളഃ | ◌്ര | ഗ | ങ | ൽ | പ |
| പ | ത | ഴ | പ | ട | ത | ◌് | ബ | ◌് | ഘ | ◌ാ | ഫ | എ | ◌് |
| ◌െ | ഊ | ക | ള | ആ | ഖ | ല | ഉ | ആ | ര | ന | ര | ട | ര |
| ട | ര | ന | ◌് | ര | ക | ◌ാ | ◌ാ | ല | ക | ◌ം | ജ | ഹ | ശ |
| ◌് | ഫ | സ | ◌് | സ | വ | ട | പ | ഴ | യ | ഉ | ഡ | ങ | സ |
| ട | ൾ | ൽ | വ | ന | ക | ച | ◌് | ച | ◌േ | ര | ◌ി | ഷ | ◌് |
| വ | ൽ | ച | ണ | ഖ | ൽ | ഡ | ◌് | ര | ◌ം | സ | ◌് | ൻ | ത |

ആൽബം
കരഘോഷം
കലാകാരന്
ഘടന
കച്ചേരി
ഡ്രംസ്
ഊന്നൽ
പ്രശസ്ത
പ്രിയപ്പെട്ടവ
തരം
സംഗീതം
പുതിയ
പഴയ
ഓർക്കസ്ട്ര
താളം
ഗാനം
ശൈലി
ടാലന്റ്
സാങ്കേതികത

# 98 - Nature

മ ഉ ത ◌ം ക ◌േ ◌് ങ സ മ ന ഡ ൾ ണ
മ ◌ൂ ന പ ട ണ ന ഹ ◌ു ◌ൃ മ ◌ാ ◌െ ഡ മ
ല ഹ ട ഴ എ ത ദ ട പ ഗ ര ന ത ണ
ഞ ൻ ട ൽ ക ഗ ◌ി ന ◌് ങ ◌ു ◌ാ ഹ ◌്
◌് ല എ ജ മ വ ട എ ര ◌് ഭ മ ◌ി ണ
ച വ ◌ാ യ ര ഞ ന അ ധ ങ ◌ൂ ◌ി മ ◌ാ
◌െ വ യ ഖ ആ ൻ ◌് ◌ം ◌ാ ൾ മ ക ◌ാ ല
ര ◌ാ ◌െ ൾ ര മ ആ ഴ ഞ ന ൻ ◌ി ◌് ന ◌ി
◌ി ൽ ന ദ ൾ ◌േ ഖ ച ◌് ഗ ര ൻ ◌ി പ
വ ഡ ങ ഖ ഴ ല ണ ൻ പ ൻ ച എ ര ◌്
◌ു ◌് ച ജ സ ◌ൗ ന ◌് ദ ര ◌് യ ◌ം പ
ക ◌് ട ◌ി ◌് ട ർ ആ ഷ അ ര വ എ ◌്
ൾ ങ ങ ◌് ഘ ◌േ മ ദ ൻ ഉ ങ ആ ഹ ങ
സ സ ◌് യ ജ ◌ാ ല ങ ◌് ങ ള ◌ി ൽ ഹ

മൃഗങ്ങൾ
ആർട്ടിക്
സൗന്ദര്യം
മലഞ്ചെരിവുകൾ
മേഘങ്ങൾ
മരുഭൂമി
ഡൈനാമിക്
മണ്ണൊലിപ്പ്
മൂടൽമഞ്ഞ്
സസ്യജാലങ്ങളിൽ
വനം
ഹിമാനി
നദി
സങ്കേതം
ഉഷ്ണമേഖലാ
സുപ്രധാന
വൈൽഡ്

# 99 - Vacation #2

| | | | | | | | | | | | | | |
|---|---|---|---|---|---|---|---|---|---|---|---|---|---|
| ക | ക | ര | ആ | വ | ണ | വ | സ | ◌ി | വ | ട | ന | വ | ല |
| ഷ | ◌ൂ | ൽ | ൽ | ണ | ത | ഗ | ◌ി | ഷ | ഷ | ട | ഗ | ◌ി | ക |
| ഉ | സ | ട | ട | ട | ങ | ണ | ക | ദ | ച | വ | ഹ | ന | ◌് |
| ഏ | ൾ | ക | ◌ാ | അ | ശ | ബ | ◌് | ന | ◌േ | ഴ | ക | ◌ോ | ഷ |
| ഫ | ള | ട | വ | ര | ത | ◌് | ◌ാ | യ | ഫ | ശ | ട | ദ | ◌് |
| വ | ബ | ത | ട | ഹ | ◌ം | ങ | ട | ഴ | ച | ങ | ◌ി | ◌ം | യ |
| ട | ക | ◌് | യ | ◌ാ | മ | ◌് | പ | ◌ി | ◌ം | ഗ | ◌് | ഉ | സ |
| ◌ം | അ | ത | ച | ഏ | ഖ | ഗ | ത | ◌ാ | ഗ | ത | ◌ം | ഹ | ◌് |
| പ | ◌ാ | സ | ◌് | പ | ◌ോ | ർ | ട | ◌് | ട | ◌് | ത | ◌ോ | ഥ |
| ◌ൂ | ◌് | ണ | ച | സ | ഉ | ഖ | വ | ◌ി | ദ | ◌േ | ശ | ട | ◌ാ |
| ഭ | ല | വ | ◌് | ര | വ | യ | ൾ | ക | ഢ | ക | വ | ◌് | ന |
| ര | ഴ | പ | ◌ീ | ക | ഹ | ഖ | ഉ | അ | വ | ധ | ◌ി | ട | ◌ം |
| ത | ദ | ഉ | ബ | ◌് | ത | ◌ീ | വ | ണ | ◌് | ട | ◌ി | ൽ | ആ |
| ങ | ഏ | ഗ | ഏ | ൽ | ദ | ബ | സ | ശ | ക | ര | ഢ | ദ | വ |

ബീച്ച്
ക്യാമ്പിംഗ്
ലക്ഷ്യസ്ഥാനം
വിദേശ
വിദേശി
അവധി
ഹോട്ടൽ
ദ്വീപ്
യാത്ര
വിനോദം
ഭൂപടം
പാസ്പോർട്ട്
കടൽ
ടാക്സി
കൂടാരം
തീവണ്ടി
ഗതാഗതം
വിസ

# 100 - Electricity

| | | | | | | | | | | | | | |
|---|---|---|---|---|---|---|---|---|---|---|---|---|---|
| യ | പ | ന | ജ | സ | ച | ട | ഷ | ബ | വ | വ | ബ | ഖ | ബ |
| യ | ◌ഃ | ◌ൈ | ന | ◌ഃ | ◌ൈ | ൽ | ◌െ | അ | ജ | സ | ◌ാ ◌െ | ൾ ഉ | ◌ാ |
| ത | സ | റ | റ | ക | ഷ | ല | ത | എ | ◌ം | ദ | ബ | പ | റ |
| ട | ◌ി | ◌് | ◌േ | ◌് | ങ | ◌ി | എ | ൾ | ഭ | ◌് | ◌് | ക | ◌് |
| ൽ | റ | റ | റ | ക | ജ | വ | ജ | ൻ | ര | യ | ബ | ര | റ |
| ല | ◌് | ◌് | ◌് | റ | എ | ◌ി | ഫ | ഫ | ണ | ◌ു | വ | ണ | റ |
| ◌േ | റ | വ | റ | ◌് | അ | ഷ | ദ | ◌ഃ ◌ൈ | ◌ം | ത | യ | ങ | ◌ി |
| സ | ◌ീ | ർ | ർ | റ | ള | ൻ | വ | ല | ഷ | ഖ | റ | ◌് | ഹ |
| ർ | വ | ക | ക | ◌് | വ | വ | അ | ◌ി | ര | സ | ◌ു | ങ | ണ |
| ഷ | ◌് | ◌് | യ | ◌േ | ◌് | ള | ഗ | ◌െ | ള | വ | ക | ൾ | ഖ |
| ഴ | ൾ | ക | ശ | ആ | ബ | ൻ | ൾ | ട | ഫ | ക | ൾ | ഖ | ല |
| അ | ഖ | ◌് | സ | ബ | ശ | ◌ി | ങ | ഉ | എ | ഖ | ◌് | പ | ണ |
| ക | ◌ാ | ന | ◌് | ത | ◌ം | ഉ | ൾ | ൻ | ദ | ദ | ൻ | ക | ങ |
| എ | വ | സ | ◌് | ത | ◌ു | ക | ◌് | ക | ൾ | ഖ | ഉ | ച | ◌് |

ബാറ്ററി
ബൾബ്
കേബിൾ
വൈദ്യുത
ഉപകരണങ്ങൾ
ജനറേറ്റർ
വിളക്ക്
ലേസർ
കാന്തം
നെറ്റ് വർക്ക്
വസ്തുക്കൾ
പോസിറ്റീവ്
അളവ്
സോക്കറ്റ്
സംഭരണം
ടെലിഫോൺ
ടെലിവിഷൻ
വയറുകൾ

## 1 - Antiques

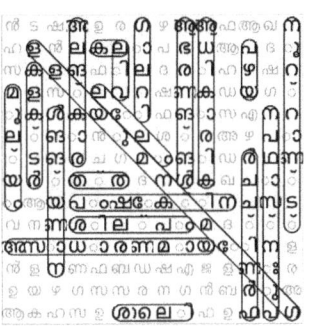

## 2 - Food #1

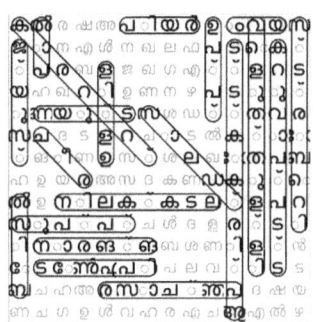

## 3 - Measurements

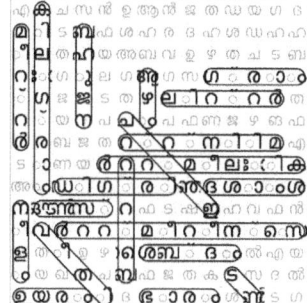

## 4 - Farm #2

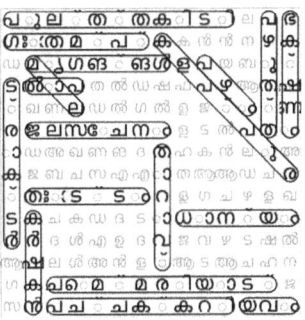

## 5 - Books

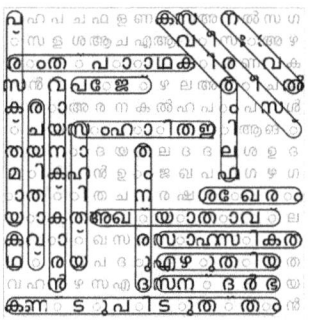

## 6 - Meditation

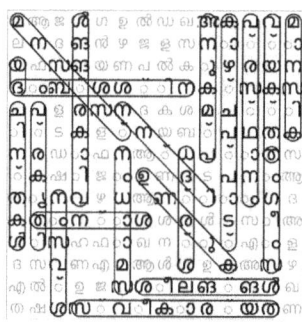

## 7 - Days and Months

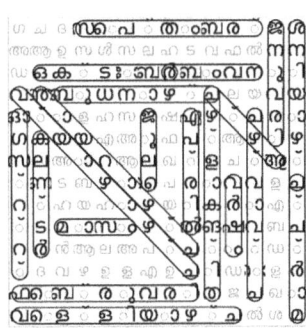

## 8 - Energy

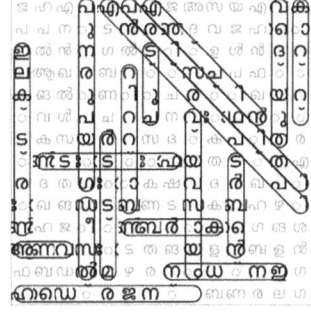

## 9 - Archeology

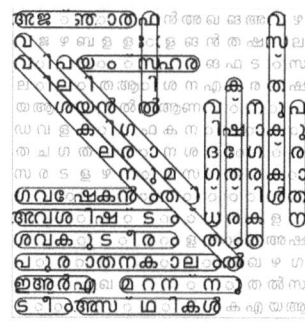

## 10 - Food #2

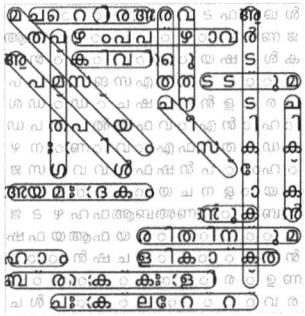

## 11 - Chemistry

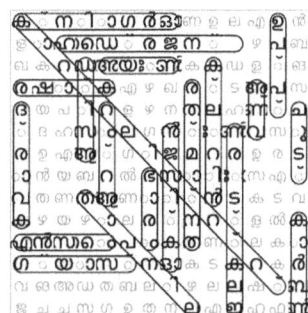

## 12 - Music

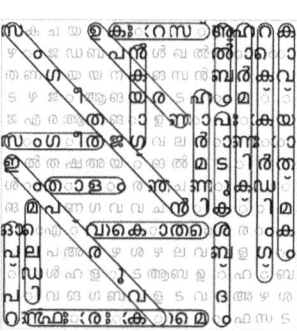

## 13 - Family

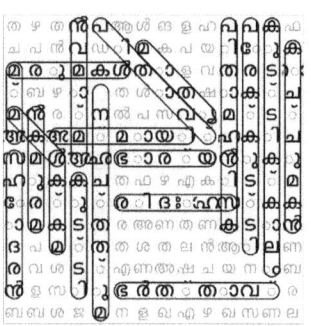

## 14 - Farm #1

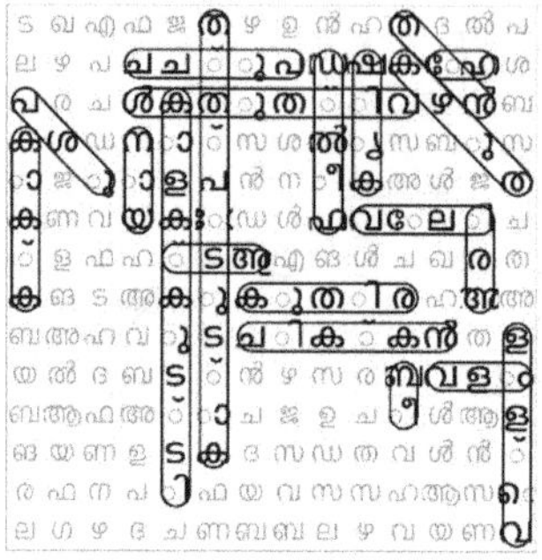

## 15 - Camping

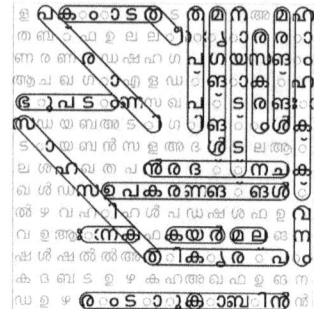

## 16 - Algebra

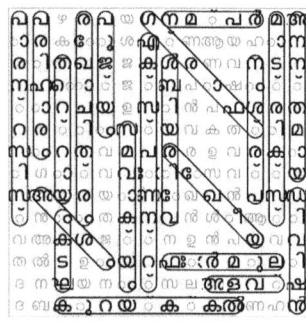

## 17 - Numbers

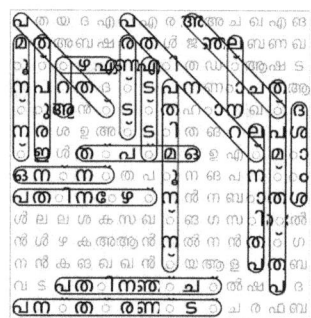

## 18 - Spices

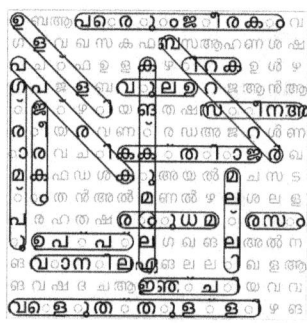

## 19 - Universe

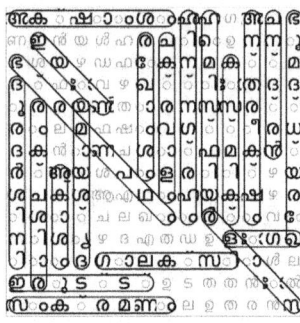

## 20 - Mammals

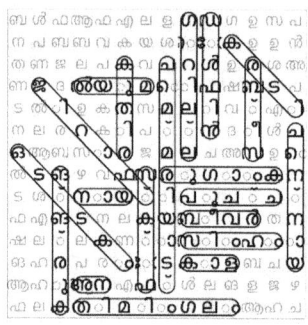

## 21 - Fishing

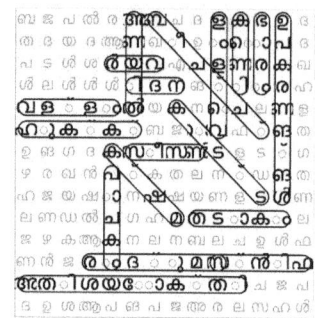

## 22 - Restaurant #1

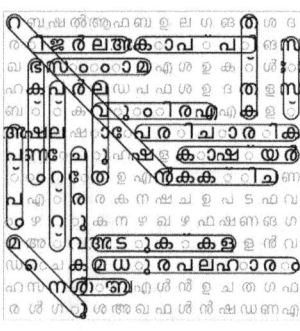

## 23 - Bees

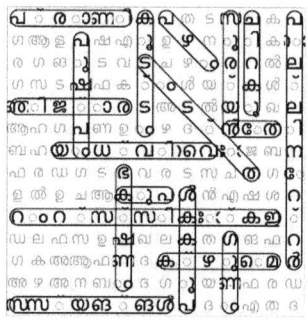

## 24 - Weather

## 25 - Adventure

## 26 - Sport

## 27 - Restaurant #2

## 28 - Geology

## 29 - House

## 30 - Physics

## 31 - Dance

## 32 - Coffee

## 33 - Shapes

## 34 - Scientific Disciplines

## 35 - Science

## 36 - Clothes

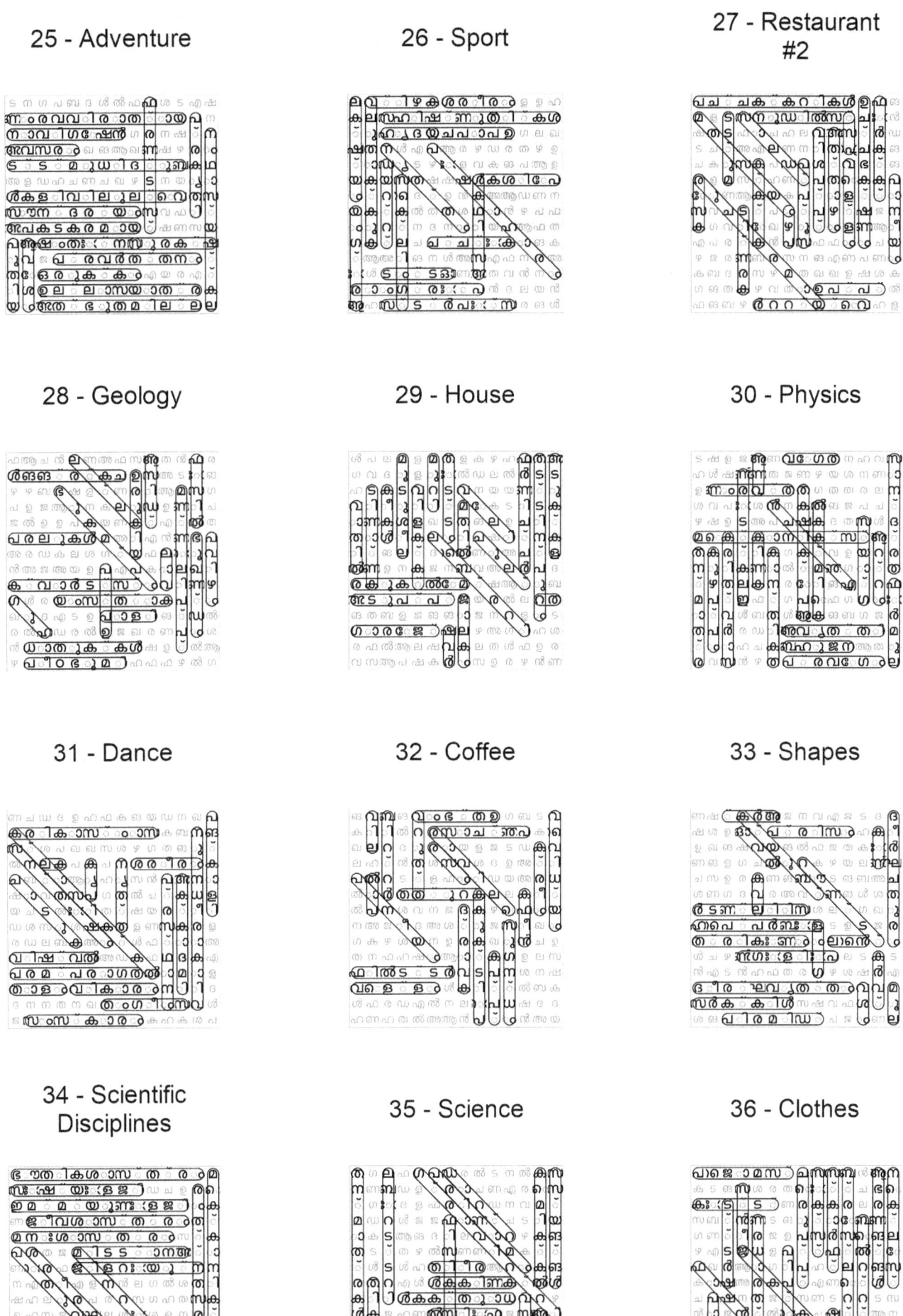

## 37 - Ethics

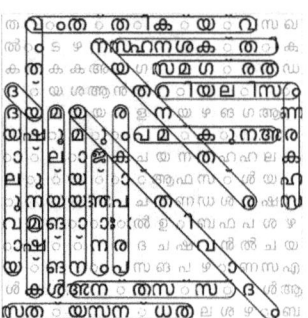

## 38 - Astronomy

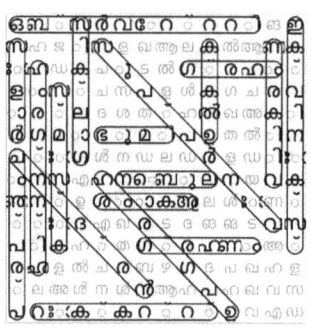

## 39 - Health and Wellness #2

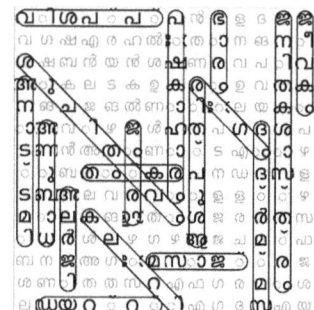

## 40 - Time

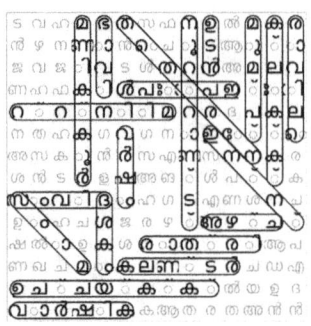

## 41 - Buildings

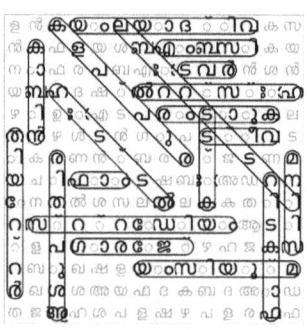

## 42 - Gardening

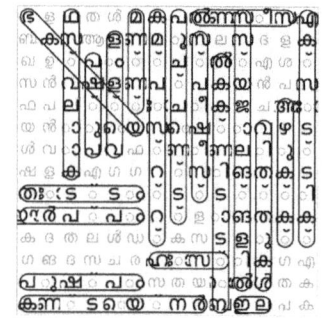

## 43 - Herbalism

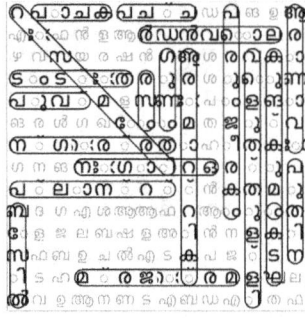

## 44 - Vehicles

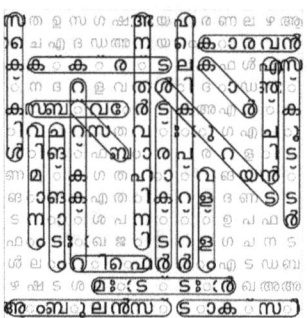

## 45 - Flowers

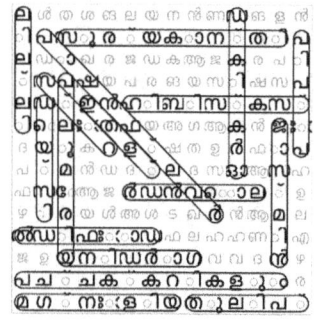

## 46 - Health and Wellness #1

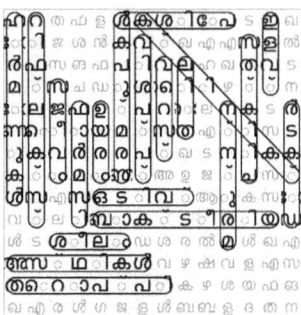

## 47 - Town

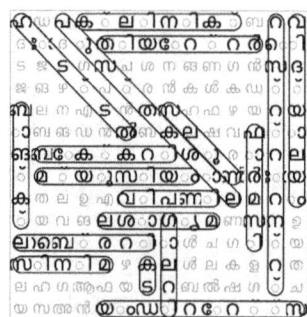

## 48 - Antarctica

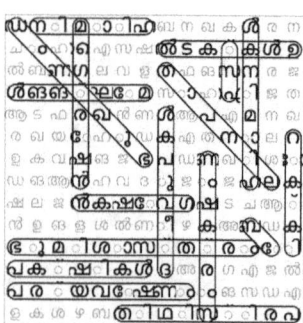

## 49 - Fashion

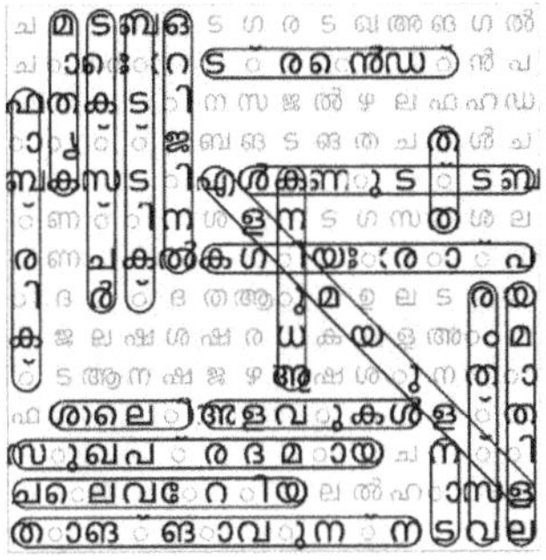

## 50 - Human Body

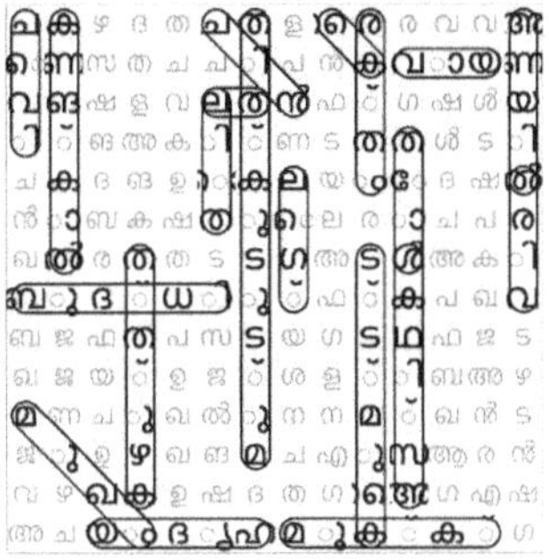

## 51 - Musical Instruments

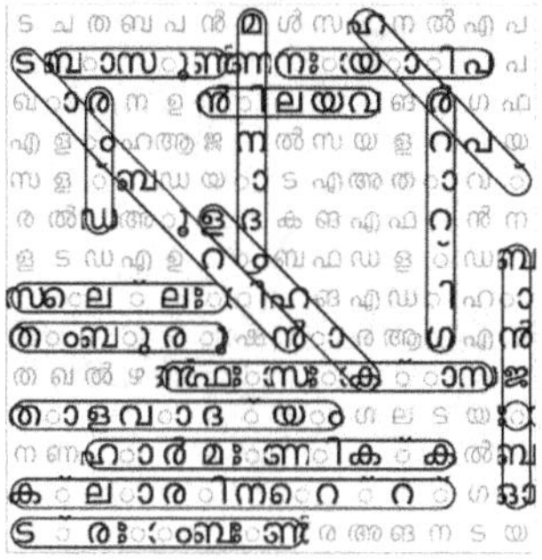

## 52 - Fruit

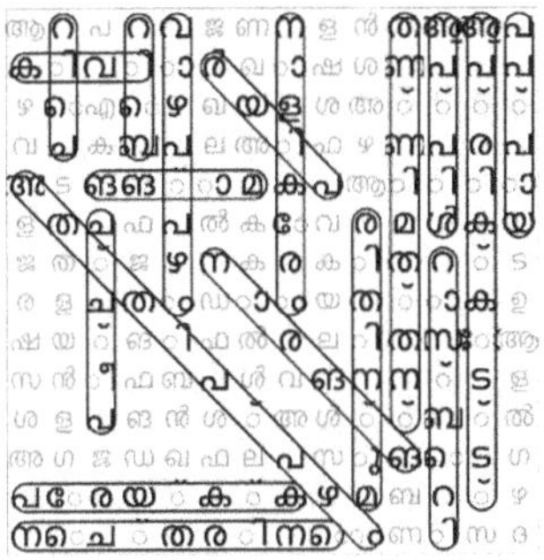

## 53 - Virtues #1

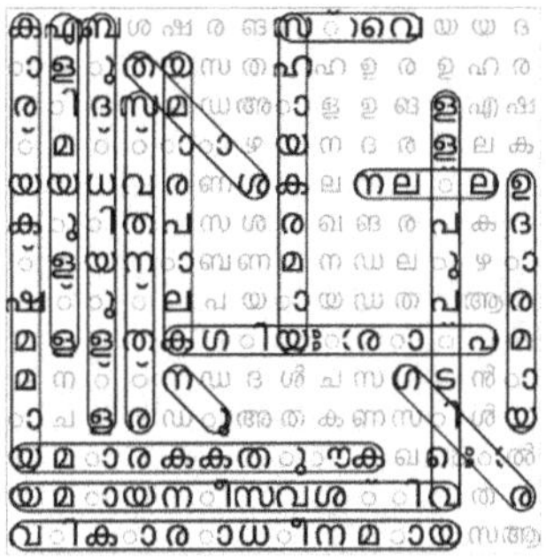

## 54 - Engineering

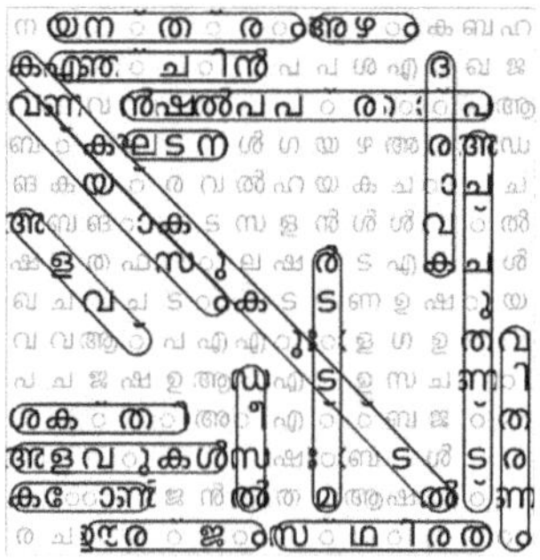

## 55 - Government

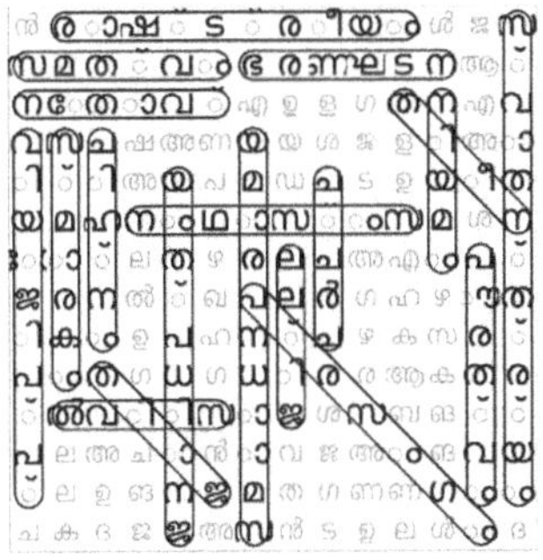

## 56 - Art Supplies

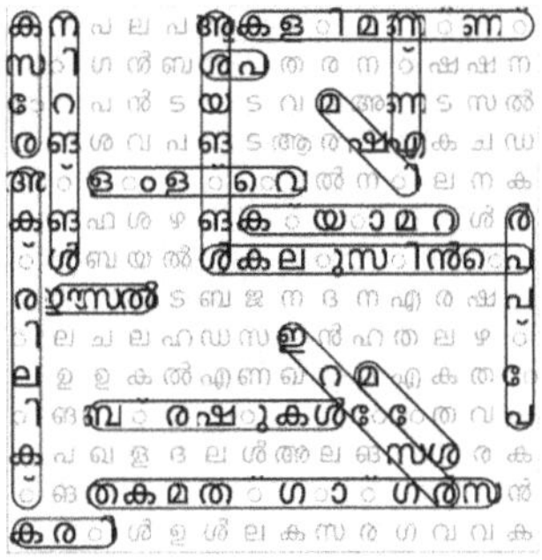

## 57 - Science Fiction

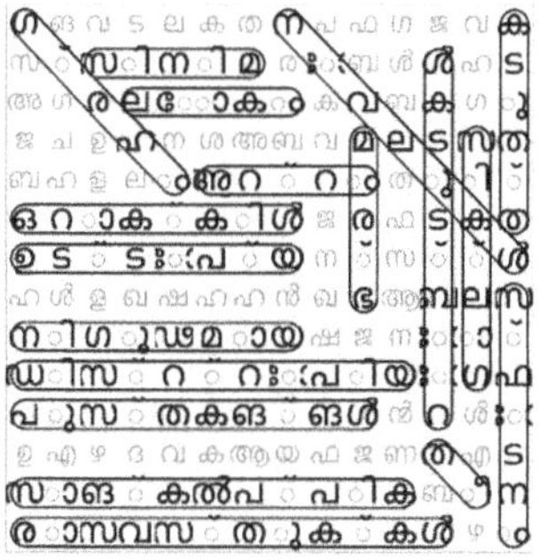

## 58 - Geometry

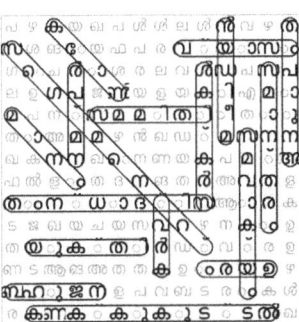

## 59 - Creativity

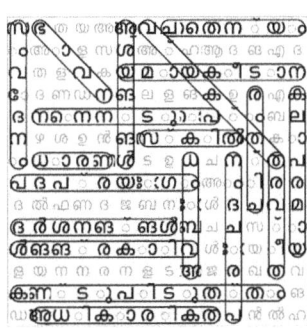

## 60 - Airplanes

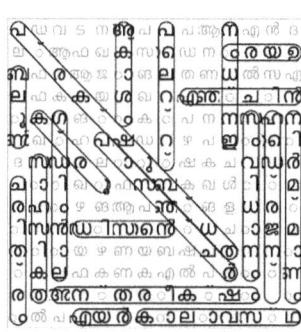

## 61 - Ocean

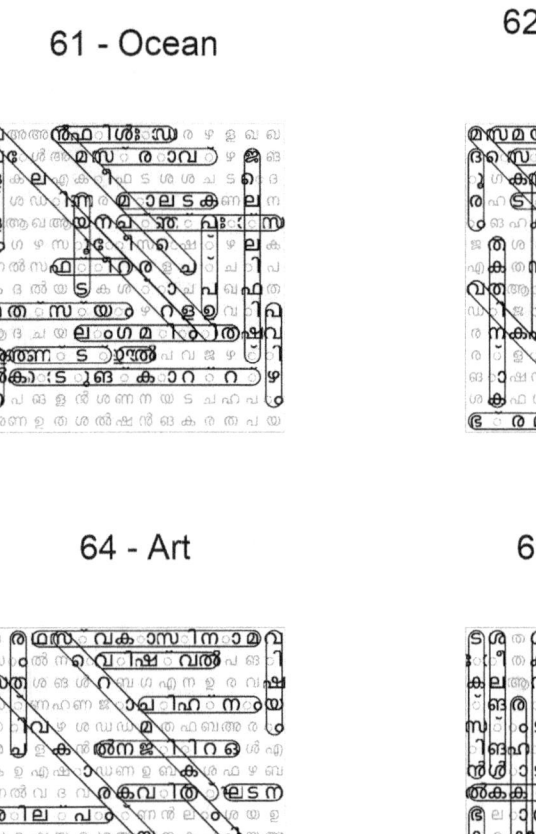

## 62 - Force and Gravity

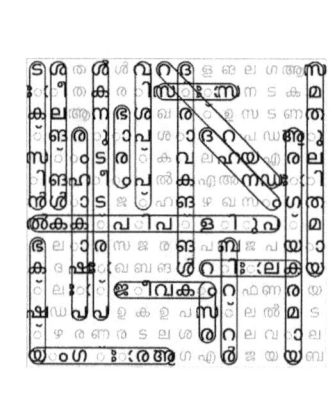

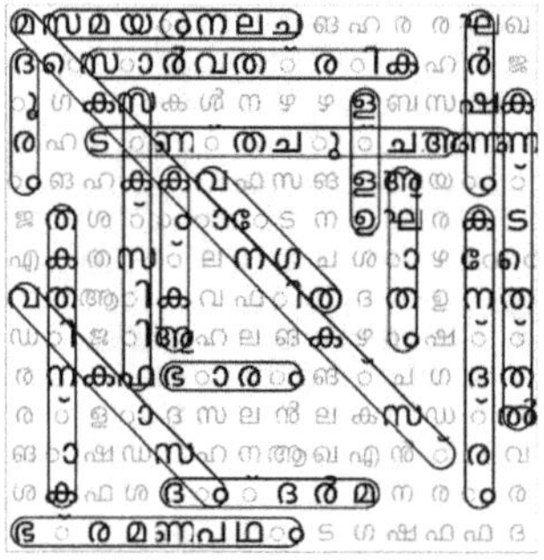

## 63 - Birds

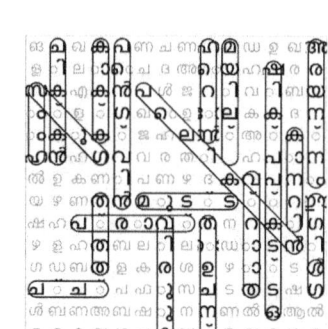

## 64 - Art

## 65 - Nutrition

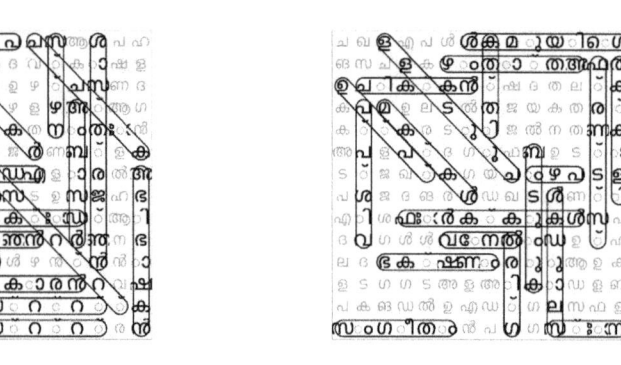

## 66 - Hiking

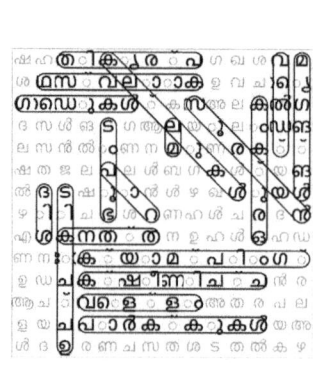

## 67 - Professions #1

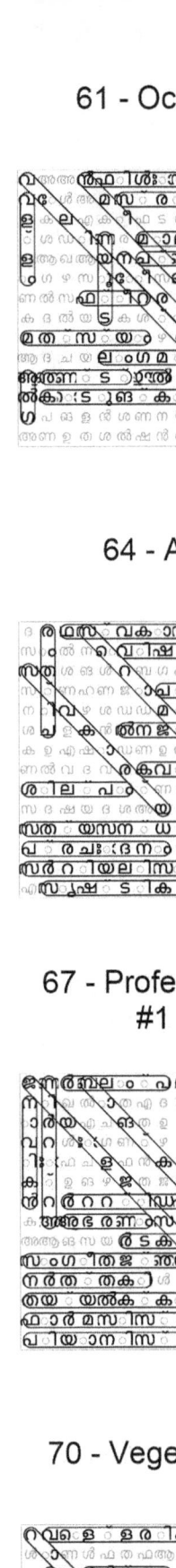

## 68 - Barbecues

## 69 - Chocolate

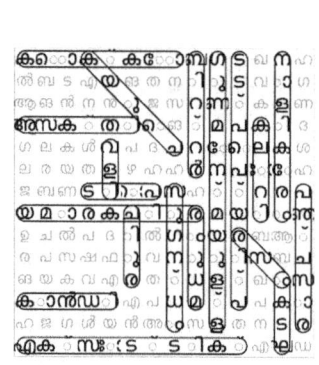

## 70 - Vegetables

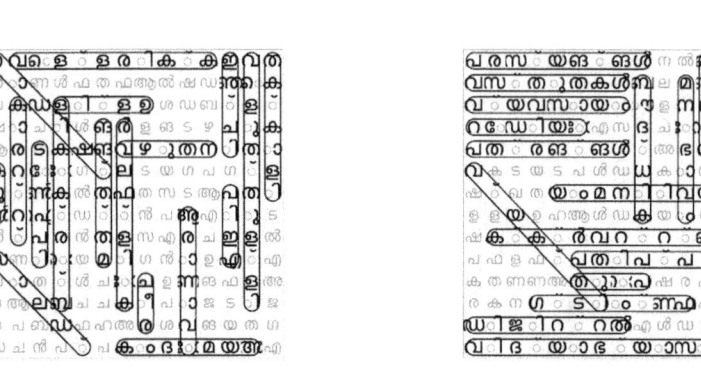

## 71 - The Media

## 72 - Boats

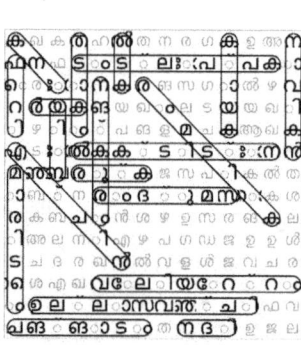

# 73 - Driving

# 74 - Professions #2

# 75 - Mythology

# 76 - Hair Types

# 77 - Garden

# 78 - Diplomacy

# 79 - Countries #1

# 80 - Adjectives #1

# 81 - Rainforest

# 82 - Technology

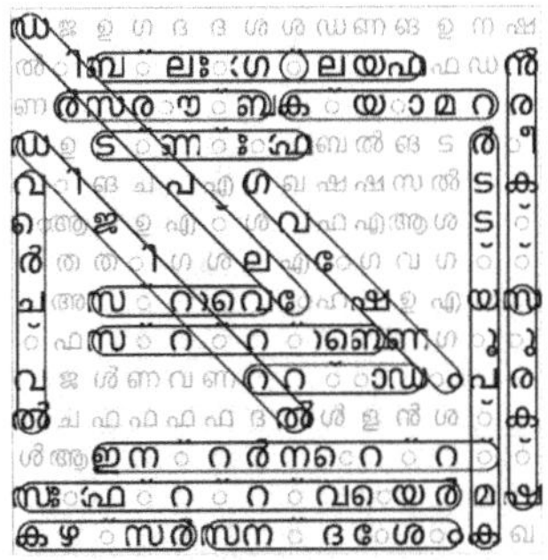

# 83 - Landscapes

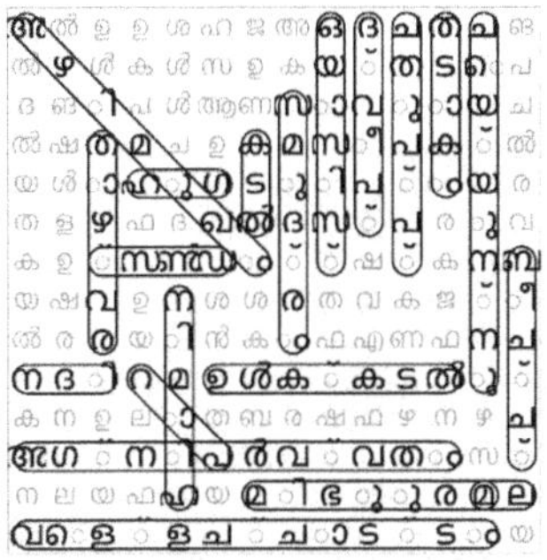

# 84 - Visual Arts

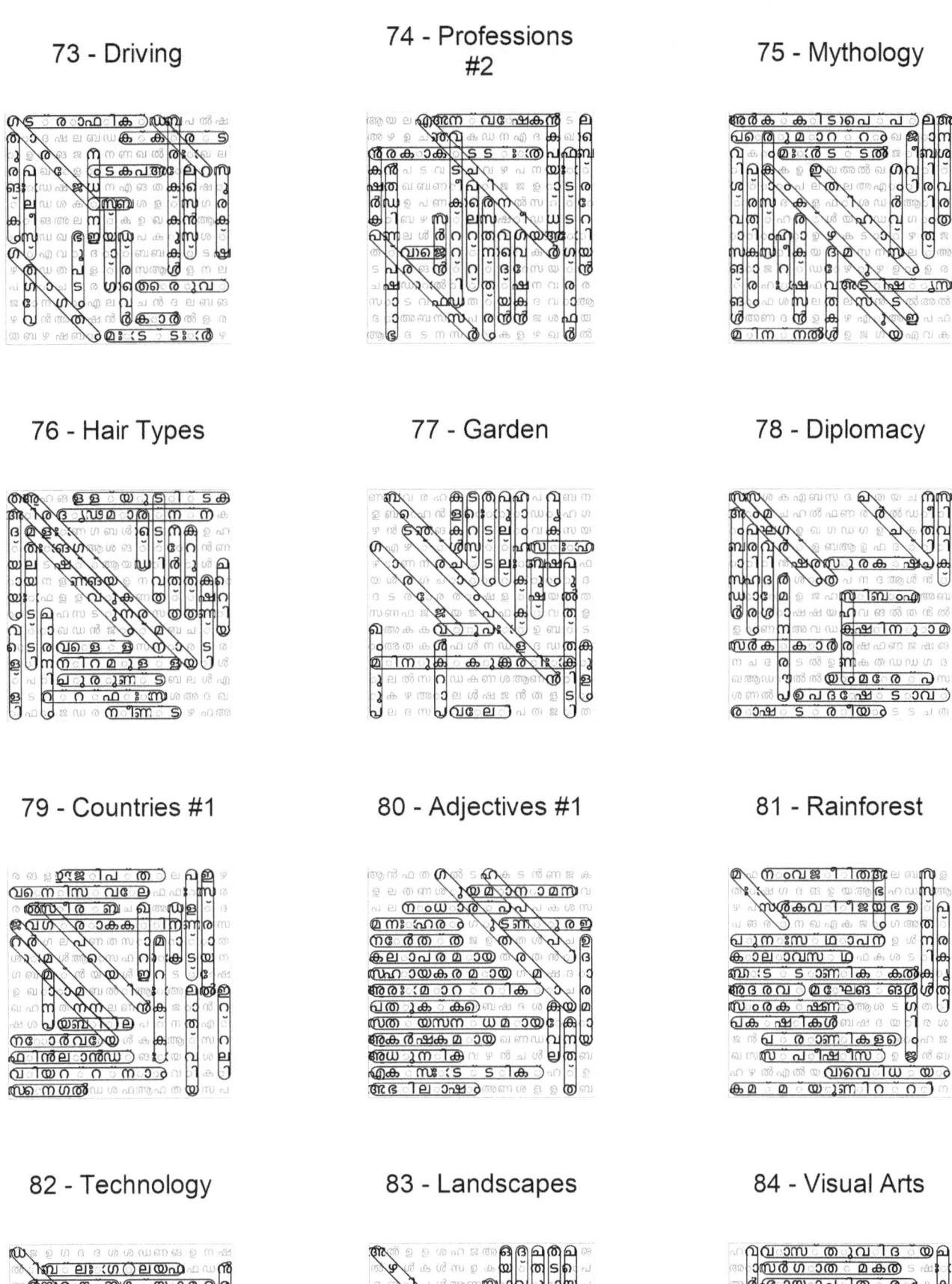

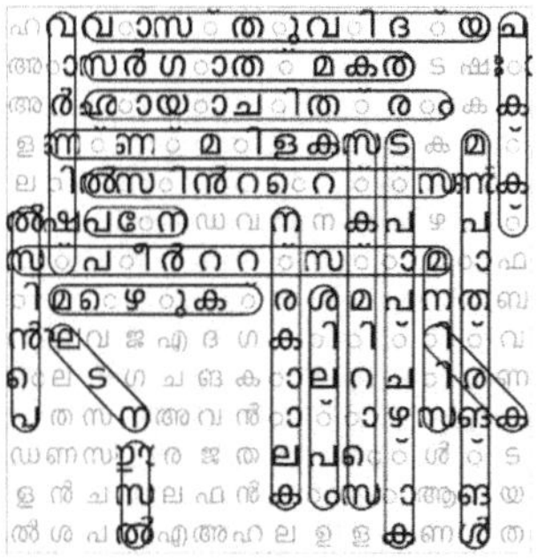

## 85 - Plants

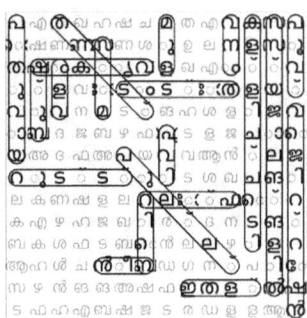

## 86 - Countries #2

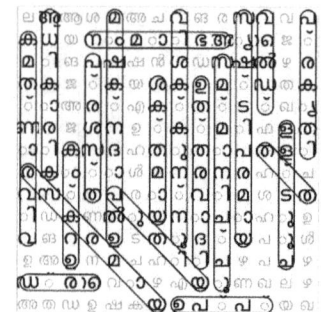

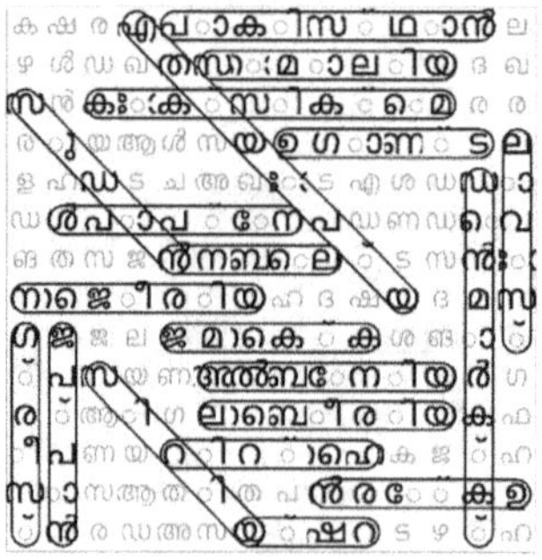

## 87 - Adjectives #2

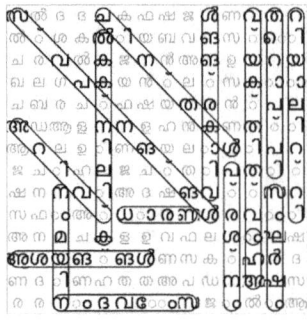

## 88 - Psychology

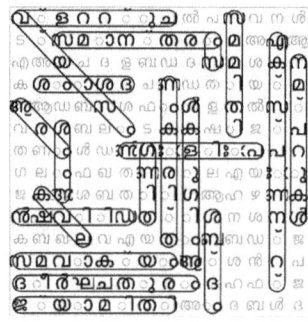

## 89 - Math

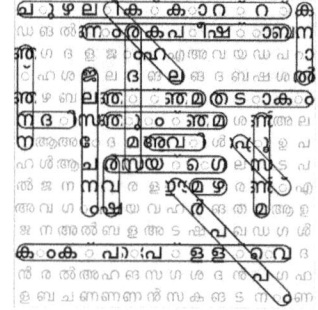

## 90 - Water

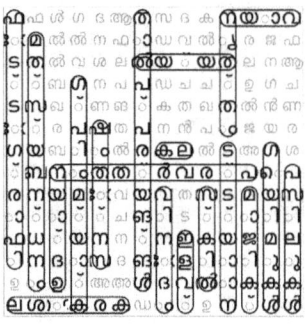

## 91 - Activities

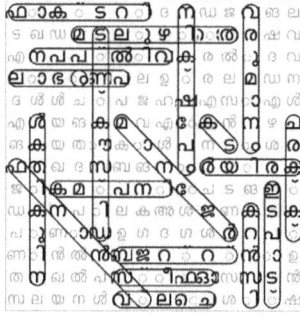

## 92 - Business

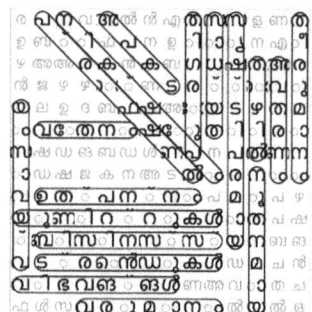

## 93 - The Company

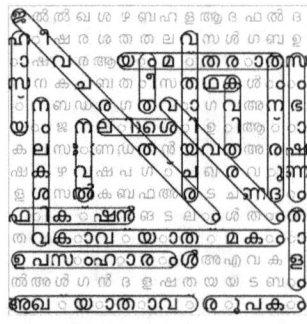

## 94 - Literature

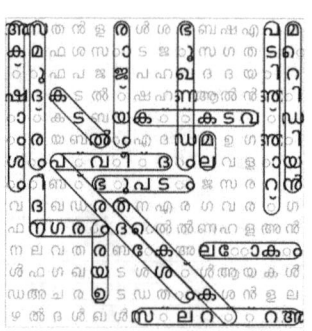

## 95 - Geography

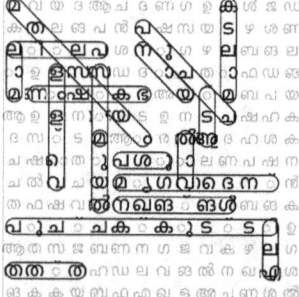

## 96 - Pets

## 97 - Jazz

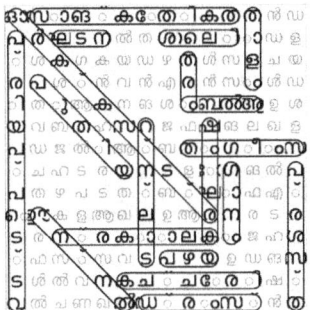

## 98 - Nature

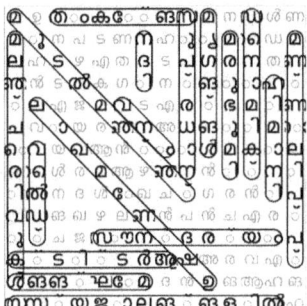

## 99 - Vacation #2

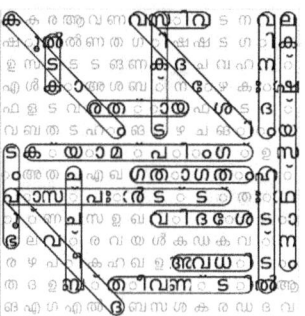

## 100 - Electricity

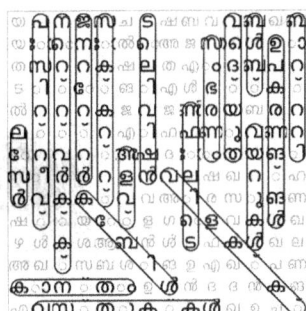

# Dictionary

### *Activities*
### പ്രവർത്തനങ്ങൾ

| | |
|---|---|
| **Activity** | പ്രവർത്തനം |
| **Art** | കല |
| **Camping** | ക്യാമ്പിംഗ് |
| **Ceramics** | സറൊമിക്സ് |
| **Crafts** | കരകൗശല |
| **Dancing** | നൃത്തം |
| **Fishing** | മത്സ്യബന്ധനം |
| **Games** | ഗയിമുകൾ |
| **Gardening** | ഉദ്യാന |
| **Hunting** | നായാട്ട് |
| **Interests** | താൽപ്പര്യങ്ങൾ |
| **Leisure** | വിനോദം |
| **Magic** | മാജിക് |
| **Photography** | ഫോട്ടോഗ്രാഫി |
| **Pleasure** | സന്തോഷം |
| **Puzzles** | പസിലുകൾ |
| **Reading** | വായന |
| **Relaxation** | ഇളവ് |
| **Sewing** | തയ്യൽ |
| **Skill** | സ്കിൽ |

### *Adjectives #1*
### നാമവിശഷേണങ്ങൾ #1

| | |
|---|---|
| **Absolute** | കവേല |
| **Ambitious** | അഭിലാഷം |
| **Aromatic** | ആരോമാറ്റിക് |
| **Artistic** | കലാപരമായ |
| **Attractive** | ആകർഷകമായ |
| **Beautiful** | മനോഹരം |
| **Dark** | ഇരുണ്ട |
| **Exotic** | എക്സോട്ടിക് |
| **Generous** | ഉദാരമായ |
| **Happy** | ഹാപ്പി |
| **Heavy** | കനത്ത |
| **Helpful** | സഹായകരമായ |
| **Honest** | സത്യസന്ധമായ |
| **Identical** | സമാനമായ |
| **Important** | പ്രധാനം |
| **Modern** | ആധുനിക |
| **Serious** | ഗുരുതരമായ |
| **Slow** | പതുക്കെ |
| **Thin** | നേർത്ത |
| **Valuable** | വിലപ്പട്ടെ |

### *Adjectives #2*
### നാമവിശഷേണങ്ങൾ #2

| | |
|---|---|
| **Authentic** | ആധികാരിക |
| **Creative** | സൃഷ്ടിപരമായ |
| **Descriptive** | വിവരണാത്മക |
| **Dry** | ഡ്രൈ |
| **Elegant** | ത്ത |
| **Famous** | പ്രശസ്ത |
| **Gifted** | സമ്മാനിച്ചു |
| **Healthy** | ആരോഗ്യകരമായ |
| **Hot** | ചൂടുള്ള |
| **Hungry** | വിശക്കുന്നു |
| **Interesting** | രസകരമായ |
| **Natural** | പ്രകൃതി |
| **New** | പുതിയ |
| **Productive** | ഉൽപാദനക്ഷമം |
| **Proud** | അഭിമാനം |
| **Responsible** | ഉത്തരവാദി. |
| **Salty** | ഉപ്പ് |
| **Sleepy** | ഉറക്കം |
| **Strong** | ശക്തമായ |
| **Wild** | വൈൽഡ് |

### *Adventure*
സാഹസികത

| | |
|---|---|
| Activity | പ്രവർത്തനം |
| Beauty | സൗന്ദര്യം |
| Challenges | വെല്ലുവിളികൾ |
| Chance | അവസരം |
| Dangerous | അപകടകരമായ |
| Destination | ലക്ഷ്യസ്ഥാനം |
| Difficulty | ബുദ്ധിമുട്ട് |
| Enthusiasm | ആവേശം |
| Excursion | ഉല്ലാസയാത്ര |
| Friends | ഫ്രണ്ട്സ് |
| Itinerary | യാത്രാവിവരണം |
| Joy | സന്തോഷം |
| Nature | പ്രകൃതി |
| Navigation | നാവിഗേഷൻ |
| New | പുതിയ |
| Preparation | ഒരുക്കം |
| Safety | സുരക്ഷ |
| Surprising | അത്ഭുതമില്ല |
| Unusual | അസാധാരണമായ |

### *Airplanes*
വിമാനങ്ങൾ

| | |
|---|---|
| Adventure | സാഹസികത |
| Air | എയർ |
| Atmosphere | അന്തരീക്ഷം |
| Balloon | ബലൂൺ |
| Construction | നിർമ്മാണം |
| Crew | ക്രൂ |
| Design | ഡിസൈൻ |
| Direction | സംവിധാനം |
| Engine | എഞ്ചിൻ |
| Fuel | ഇന്ധനം |
| Height | ഉയരം |
| History | ചരിത്രം |
| Hydrogen | ഹൈഡ്രജന് |
| Landing | ലാൻഡിംഗ് |
| Passenger | പാസഞ്ചർ |
| Pilot | പൈലറ്റ് |
| Sky | ആകാശം |
| Turbulence | പ്രക്ഷുബ്ധത |
| Weather | കാലാവസ്ഥ |

### *Algebra*
ബീജഗണിതം

| | |
|---|---|
| Diagram | രഖോചിത്രം |
| Division | ഡിവിഷൻ |
| Equation | സമവാക്യം |
| Exponent | എക്സ്പോണന്റ് |
| Factor | ഘടകം |
| False | തെറ്റായ |
| Formula | ഫോർമുല |
| Fraction | അംശം |
| Graph | ഗ്രാഫ് |
| Infinite | അനന്തമായ |
| Linear | രഖീയ |
| Matrix | മാട്രിക്സ് |
| Number | നമ്പർ |
| Parenthesis | പാരന്റസിസ് |
| Problem | പ്രശ്നം |
| Quantity | അളവ് |
| Solution | പരിഹാരം |
| Subtraction | കുറയ്ക്കൽ |
| Variable | വേരിയബിൾ |
| Zero | പൂജ്യം |

### *Antarctica*
അന്റാർട്ടിക്ക

| | |
|---|---|
| Bay | ബേ |
| Birds | പക്ഷികൾ |
| Clouds | മേഘങ്ങൾ |
| Conservation | സംരക്ഷണം |
| Continent | ഭൂഖണ്ഡം |
| Cove | ഉൾക്കടൽ |
| Environment | പരിസ്ഥിതി |
| Expedition | പര്യവേഷണം |
| Geography | ഭൂമിശാസ്ത്രം |
| Glaciers | ഹിമാനികൾ |
| Ice | ഐസ് |
| Islands | ദ്വീപുകൾ |
| Migration | മൈഗ്രേഷൻ |
| Peninsula | ഹിമാനി |
| Researcher | ഗവേഷകൻ |
| Rocky | റോക്കി |
| Scientific | ശാസ്ത്രീയ |
| Temperature | താപനില |
| Topography | ടോപ്പോഗ്രാഫി |
| Water | വെള്ളം |

### *Antiques*
ആന്റിക്കീസ്

| | |
|---|---|
| Art | കല |
| Auction | ലേലം |
| Authentic | ആധികാരിക |
| Century | നൂറ്റാണ്ട് |
| Coins | നാണയങ്ങൾ |
| Collector | കളക്ടർ |
| Decorative | അലങ്കാര |
| Elegant | ത്ത |
| Furniture | ഫർണിച്ചർ |
| Gallery | ഗാലറി |
| Investment | നിക്ഷേപം |
| Jewelry | ആഭരണങ്ങൾ |
| Old | പഴയ |
| Price | വില |
| Quality | ഗുണമേന്മയുള്ള |
| Restoration | പുനഃസ്ഥാപന |
| Sculpture | ശില്പം |
| Style | ശൈലി |
| Unusual | അസാധാരണമായ |
| Value | മൂല്യം |

### *Archeology*
പുരാവസ്തു

| | |
|---|---|
| Analysis | വിശകലനം |
| Ancient | പുരാതന |
| Antiquity | പുരാതനകാലം |
| Bones | അസ്ഥികൾ |
| Civilization | നാഗരികത |
| Descendant | പിൻഗാമി |
| Era | ഇ.ആർ.എ. |
| Evaluation | വിലയിരുത്തൽ |
| Expert | വിദഗ്ധ |
| Findings | കണ്ടെത്തലുകൾ |
| Forgotten | മറന്നു |
| Fossil | ഫോസിൽ |
| Mystery | രഹസ്യം |
| Objects | വസ്തുക്കൾ |
| Relic | അവശിഷ്ടം |
| Researcher | ഗവേഷകൻ |
| Team | ടീം |
| Temple | ക്ഷേത്രം |
| Tomb | ശവകുടീരം |
| Unknown | അജ്ഞാത |

## *Art*
## കല

| | |
|---|---|
| Ceramic | സറൊമിക് |
| Complex | കോംപ്ലക്സ് |
| Composition | ഘടന |
| Create | സൃഷ്ടിക്കുക |
| Expression | പദപ്രയോഗം |
| Figure | ചിത്രം |
| Honest | സത്യസന്ധമായ |
| Inspired | പ്രചോദനം |
| Mood | മാനസികാവസ്ഥ |
| Original | ഒറിജിനൽ |
| Paintings | പയിന്റിംഗുകൾ |
| Personal | സ്വകാര്യ |
| Poetry | കവിത |
| Sculpture | ശില്പം |
| Simple | ലളിതം |
| Subject | വിഷയം |
| Surrealism | സർറിയലിസം |
| Symbol | ചിഹ്നം |
| Visual | വിഷ്വൽ |

## *Art Supplies*
## കല സപ്ലസൈ്

| | |
|---|---|
| Acrylic | അക്രിലിക് |
| Brushes | ബ്രഷുകൾ |
| Camera | ക്യാമറ |
| Chair | കസരേ |
| Charcoal | കരി |
| Clay | കളിമണ്ണ് |
| Colors | നിറങ്ങൾ |
| Creativity | സർഗ്ഗാത്മകത |
| Easel | ഈസൽ |
| Eraser | ഇറസേർ |
| Glue | പശ |
| Ideas | ആശയങ്ങൾ |
| Ink | മഷി |
| Oil | എണ്ണ |
| Paper | പപേ്പർ |
| Pencils | പൻെസിലുകൾ |
| Table | മശേ |
| Water | വളെ്ളം |
| Watercolors | വതരെ്ചൊലൊര്സ് |

## *Astronomy*
## ജ്യോതിശാസ്ത്രം

| | |
|---|---|
| Asteroid | ഛിന്നഗ്രഹം |
| Cosmos | കോസ്മോസ് |
| Earth | ഭൂമി |
| Eclipse | ഗ്രഹണം |
| Equinox | ഇക്വിനോക്സ് |
| Galaxy | ഗാലക്സി |
| Meteor | ഉൽക്ക |
| Moon | ചന്ദ്രൻ |
| Nebula | നബെുല |
| Observatory | ഒബ്സർവറേ്ററി |
| Planet | ഗ്രഹം |
| Radiation | വികിരണം |
| Rocket | റോക്കറ്റ് |
| Satellite | ഉപഗ്രഹം |
| Sky | ആകാശം |
| Solar | സോളാർ |
| Supernova | സൂപ്പർനോവ |
| Telescope | ദൂരദർശിനി |
| Universe | പ്രപഞ്ചം |
| Zodiac | രാശിചക്രം |

## *Barbecues*
## ബാർബിക്യൂവോ

| | |
|---|---|
| Chicken | ചിക്കൻ |
| Children | മക്കൾ |
| Dinner | അത്താഴം |
| Family | കുടുംബം |
| Food | ഭക്ഷണം |
| Forks | ഫോർക്കുകൾ |
| Friends | ഫ്രണ്ട്സ് |
| Fruit | പഴം |
| Games | ഗയെിമുകൾ |
| Grill | ഗ്രിൽ |
| Hot | ചൂടുള്ള |
| Hunger | വിശപ്പ് |
| Knives | കത്തി |
| Music | സംഗീതം |
| Salads | സലാഡുകൾ |
| Salt | ഉപ്പ് |
| Sauce | സോസ് |
| Summer | വനേൽ |
| Tomatoes | തക്കാളി |
| Vegetables | പച്ചക്കറികൾ |

## *Bees*
## തനേീച്ച

| | |
|---|---|
| Beneficial | ഗുണം |
| Blossom | പുഷ്പം |
| Diversity | വവൈിധ്യം |
| Ecosystem | ഇക്കോസിസ്റ്റം |
| Flowers | പൂക്കൾ |
| Food | ഭക്ഷണം |
| Fruit | പഴം |
| Garden | തോട്ടം |
| Habitat | ആവാസവ്യവസ്ഥ |
| Honey | തനേ് |
| Insect | പ്രാണി |
| Plants | സസ്യങ്ങൾ |
| Pollen | കൂമ്പോളയിൽ |
| Pollinator | പൊല്ലിനറേ്റർ |
| Queen | രാജ്ഞി |
| Smoke | പുക |
| Sun | സൂര്യൻ |
| Swarm | കൂട്ടം |
| Wax | മഴെുക് |
| Wings | ചിറകു |

## *Birds*
## പക്ഷികൾ

| | |
|---|---|
| Canary | കാനറി |
| Chicken | ചിക്കൻ |
| Crow | കാക്ക |
| Dove | പ്രാവ് |
| Duck | താറാവ് |
| Eagle | ഈഗിൾ |
| Egg | മുട്ട |
| Flamingo | അരയന്നം |
| Goose | ഗൂസ് |
| Gull | ഗൾ |
| Heron | ഹറെോൺ |
| Ostrich | ഒട്ടകപ്പക്ഷി |
| Parrot | തത്ത |
| Peacock | മയില് |
| Pelican | പലെിക്കൻ |
| Penguin | പൻെഗ്വിൻ |
| Sparrow | കുരുവി |
| Stork | ച്ച് |
| Swan | ഹംസം |
| Toucan | തൊഉചന് |

## *Boats*
## ബോട്ടുകൾ

| | |
|---|---|
| **Anchor** | നങ്കൂരം |
| **Buoy** | ബോയി |
| **Canoe** | കനോ |
| **Crew** | ക്രൂ |
| **Engine** | എഞ്ചിൻ |
| **Ferry** | ഫെറി |
| **Kayak** | കയാക് |
| **Lake** | തടാകം |
| **Maritime** | മാരിടൈം |
| **Mast** | കൊടിമരം |
| **Nautical** | നോട്ടിക്കൽ |
| **Ocean** | സമുദ്രം |
| **Raft** | ചങ്ങാടം |
| **River** | നദി |
| **Rope** | കയർ |
| **Sailboat** | കപ്പലോട്ടം |
| **Sailor** | നാവികൻ |
| **Sea** | കടൽ |
| **Tide** | വലിയേറ്റം |
| **Yacht** | ഉല്ലാസവഞ്ചി |

## *Books*
## പുസ്തകങ്ങള്

| | |
|---|---|
| **Adventure** | സാഹസികത |
| **Author** | രചയിതാവ് |
| **Character** | കഥാപാത്രം |
| **Collection** | ശേഖരം |
| **Context** | സന്ദർഭ |
| **Epic** | ഇതിഹാസം |
| **Historical** | ചരിത്രപരം |
| **Humorous** | ഫലിതം |
| **Inventive** | കണ്ടുപിടുത്തം |
| **Literary** | സാഹിത്യ |
| **Narrator** | ആഖ്യാതാവ് |
| **Novel** | നോവൽ |
| **Page** | പജേ് |
| **Poetry** | കവിത |
| **Reader** | വായനക്കാരൻ |
| **Relevant** | പ്രസക്തമായ |
| **Series** | സീരീസ് |
| **Story** | കഥ |
| **Tragic** | ദുരന്തം |
| **Written** | എഴുതിയ |

## *Buildings*
## കട്ടിടങ്ങൾ

| | |
|---|---|
| **Barn** | കളപ്പുര |
| **Cabin** | കാബിൻ |
| **Castle** | കോട്ട |
| **Cinema** | സിനിമ |
| **Embassy** | എംബസി |
| **Factory** | ഫാക്ടറി |
| **Farm** | ഫാം |
| **Garage** | ഗാരജേ് |
| **Hospital** | ആശുപത്രി |
| **Hostel** | ഹോസ്റ്റൽ |
| **Hotel** | ഹോട്ടൽ |
| **House** | വീട് |
| **Laboratory** | ലബോറട്ടറി |
| **Museum** | മ്യൂസിയം |
| **Observatory** | ഒബ്സർവറേ്ററി |
| **School** | വിദ്യാലയം |
| **Stadium** | സ്റ്റേഡിയം |
| **Tent** | കൂടാരം |
| **Theater** | തിയറേ്റർ |
| **Tower** | ടവർ |

## *Business*
## ബിസിനസ്

| | |
|---|---|
| **Budget** | ബജറ്റ് |
| **Career** | കരിയർ |
| **Company** | കമ്പനി |
| **Cost** | ചലെവ് |
| **Currency** | കറൻസി |
| **Discount** | ഡിസ്കൗണ്ട് |
| **Employer** | തൊഴിലുടമ |
| **Factory** | ഫാക്ടറി |
| **Finance** | ഫിനാൻസ് |
| **Income** | വരുമാനം |
| **Investment** | നിക്ഷപേം |
| **Manager** | മാനജേർ |
| **Merchandise** | ചരക്ക് |
| **Money** | പണം |
| **Office** | ഓഫീസ് |
| **Profit** | ലാഭം |
| **Sale** | വിൽപ്പന |
| **Shop** | കട |
| **Taxes** | നികുതികൾ |
| **Transaction** | ഇടപാട് |

## *Camping*
## ക്യാമ്പിംഗ്

| | |
|---|---|
| **Adventure** | സാഹസികത |
| **Animals** | മൃഗങ്ങൾ |
| **Cabin** | കാബിൻ |
| **Canoe** | കനോ |
| **Equipment** | ഉപകരണങ്ങൾ |
| **Fire** | തീ |
| **Forest** | വനം |
| **Fun** | രസകരം |
| **Hammock** | ഹാംഹോക്ക് |
| **Hat** | തൊപ്പി |
| **Hunting** | നായാട്ട് |
| **Insect** | പ്രാണി |
| **Lake** | തടാകം |
| **Map** | ഭൂപടം |
| **Moon** | ചന്ദ്രൻ |
| **Mountain** | മല |
| **Nature** | പ്രകൃതി |
| **Rope** | കയർ |
| **Tent** | കൂടാരം |
| **Trees** | മരങ്ങൾ |

## *Chemistry*
## കമെിസ്ട്രി

| | |
|---|---|
| **Acid** | ആസിഡ് |
| **Alkaline** | ക്ഷാര |
| **Atomic** | ആറ്റം |
| **Carbon** | കാർബൺ |
| **Catalyst** | കാറ്റലിസ്റ്റ് |
| **Chlorine** | ക്ലോറിൻ |
| **Electron** | ഇലക്ട്രോൺ |
| **Enzyme** | എൻസൈം |
| **Gas** | ഗ്യാസ് |
| **Heat** | ചൂട് |
| **Hydrogen** | ഹൈഡ്രജന് |
| **Ion** | അയോൺ |
| **Liquid** | ദ്രാവക |
| **Molecule** | തന്മാത്ര |
| **Nuclear** | ആണവ |
| **Organic** | ഓർഗാനിക് |
| **Oxygen** | ഓക്സിജൻ |
| **Salt** | ഉപ്പ് |
| **Temperature** | താപനില |
| **Weight** | ഭാരം |

## *Chocolate*
ചോക്ലേറ്റ്

| | |
|---|---|
| **Aroma** | സുഗന്ധം |
| **Bitter** | ബിറ്റർ |
| **Cacao** | കാക്കോ |
| **Calories** | കലോറി |
| **Candy** | കാൻഡി |
| **Caramel** | വളി |
| **Coconut** | നാളികേരം |
| **Craving** | ആസക്തി |
| **Delicious** | രുചികരമായ |
| **Exotic** | എക്സോട്ടിക് |
| **Favorite** | പ്രിയപ്പെട്ട |
| **Flavor** | രസം |
| **Ingredient** | ഘടകം |
| **Peanuts** | ചയെുക |
| **Powder** | പൊടി |
| **Quality** | ഗുണമേന്മയുള്ള |
| **Sugar** | പഞ്ചസാര |
| **Sweet** | മധുരം |
| **Taste** | രുചി |

## *Clothes*
വസ്ത്രങ്ങൾ

| | |
|---|---|
| **Belt** | ബെൽറ്റ് |
| **Blouse** | ബ്ലൗസ് |
| **Bracelet** | ബ്രേസ്ലെറ്റ് |
| **Coat** | കോട്ട് |
| **Dress** | വസ്ത്രധാരണ |
| **Fashion** | ഫാഷൻ |
| **Hat** | തൊപ്പി |
| **Jacket** | ജാക്കറ്റ് |
| **Jeans** | ജീൻസ് |
| **Jewelry** | ആഭരണങ്ങൾ |
| **Necklace** | നെക്ലേസ് |
| **Pajamas** | പൈജാമസ് |
| **Pants** | നാവ് |
| **Sandals** | ചെരുപ്പ് |
| **Scarf** | സ്കാർഫ് |
| **Shirt** | ഷർട്ട് |
| **Shoe** | ഷൂ |
| **Skirt** | പാവാട |
| **Socks** | സോക്സ് |
| **Sweater** | സ്വെറ്റർ |

## *Coffee*
കാപ്പി

| | |
|---|---|
| **Aroma** | സുഗന്ധം |
| **Beverage** | പാനീയം |
| **Bitter** | ബിറ്റർ |
| **Black** | കറുത്ത |
| **Caffeine** | കഫീൻ |
| **Cream** | ക്രീം |
| **Cup** | കപ്പ് |
| **Filter** | ഫിൽട്ടർ |
| **Flavor** | രസം |
| **Grind** | പൊടിക്കുക |
| **Liquid** | ദ്രാവക |
| **Milk** | പാൽ |
| **Morning** | രാവിലെ |
| **Origin** | ഉത്ഭവം |
| **Price** | വില |
| **Roasted** | വറുത്ത |
| **Sugar** | പഞ്ചസാര |
| **Variety** | വൈവിധ്യം |
| **Water** | വെള്ളം |

## *Countries #1*
രാജ്യങ്ങൾ #1

| | |
|---|---|
| **Brazil** | ബ്രസീൽ |
| **Canada** | കാനഡ |
| **Egypt** | ഈജിപ്ത് |
| **Finland** | ഫിൻലാൻഡ് |
| **Germany** | ജർമ്മനി |
| **Iraq** | ഇറാഖ് |
| **Israel** | ഇസ്രായേൽ |
| **Italy** | ഇറ്റലി |
| **Latvia** | ലാത്വിയ |
| **Libya** | ലിബിയ |
| **Morocco** | മൊറോക്കോ |
| **Nicaragua** | നിക്കരാഗ്വ |
| **Norway** | നോർവേ |
| **Panama** | പനാമ |
| **Poland** | പോളണ്ട് |
| **Romania** | റൊമാനിയ |
| **Senegal** | സെനഗൽ |
| **Spain** | സ്പെയിൻ |
| **Venezuela** | വെനിസ്വേല |
| **Vietnam** | വിയറ്റ്നാം |

## *Countries #2*
രാജ്യങ്ങൾ #2

| | |
|---|---|
| **Albania** | അൽബേനിയ |
| **Denmark** | ഡെൻമാർക്ക് |
| **Ethiopia** | എത്യോപ്യ |
| **Greece** | ഗ്രീസ് |
| **Haiti** | ഹൈറ്റി |
| **Jamaica** | ജമൈക്ക |
| **Japan** | ജപ്പാൻ |
| **Laos** | ലാവോസ് |
| **Lebanon** | ലെബനൻ |
| **Liberia** | ലൈബീരിയ |
| **Mexico** | മെക്സിക്കോ |
| **Nepal** | നേപ്പാൾ |
| **Nigeria** | നൈജീരിയ |
| **Pakistan** | പാകിസ്ഥാൻ |
| **Russia** | റഷ്യ |
| **Somalia** | സൊമാലിയ |
| **Sudan** | സുഡാൻ |
| **Syria** | സിറിയ |
| **Uganda** | ഉഗാണ്ട |
| **Ukraine** | ഉക്രേൻ |

## *Creativity*
സർഗാത്മകത

| | |
|---|---|
| **Artistic** | കലാപരമായ |
| **Authenticity** | ആധികാരികത |
| **Clarity** | വ്യക്തത |
| **Dramatic** | നാടകീയമായ |
| **Emotions** | വികാരങ്ങൾ |
| **Expression** | പദപ്രയോഗം |
| **Ideas** | ആശയങ്ങൾ |
| **Image** | ചിത്രം |
| **Imagination** | ഭാവന |
| **Impression** | ധാരണ |
| **Inspiration** | പ്രചോദനം |
| **Intensity** | തീവ്രത |
| **Intuition** | അവബോധം |
| **Inventive** | കണ്ടുപിടുത്തം |
| **Sensation** | സംവേദനം |
| **Skill** | സ്കിൽ |
| **Spontaneous** | പൊടുന്നനെ |
| **Visions** | ദർശനങ്ങൾ |
| **Vitality** | ചൈതന്യം |

## *Dance*
## നൃത്തം

| | |
|---|---|
| **Academy** | അക്കാദമി |
| **Art** | കല |
| **Body** | ശരീരം |
| **Choreography** | നൃത്ത |
| **Classical** | ക്ലാസിക്കൽ |
| **Cultural** | സാംസ്കാരിക |
| **Culture** | സംസ്കാരം |
| **Emotion** | വികാരം |
| **Expressive** | വികാരാധീനനും |
| **Grace** | കൃപ |
| **Joyful** | സന്തോഷം |
| **Jump** | ചാടുക |
| **Movement** | പ്രസ്ഥാനം |
| **Music** | സംഗീതം |
| **Partner** | പങ്കാളി |
| **Rhythm** | താളം |
| **Traditional** | പരമ്പരാഗത |
| **Visual** | വിഷ്വൽ |

## *Days and Months*
## ദിവസങ്ങളും മാസങ്ങളും

| | |
|---|---|
| **April** | ഏപ്രിൽ |
| **August** | ഓഗസ്റ്റ് |
| **Calendar** | കലണ്ടർ |
| **February** | ഫെബ്രുവരി |
| **Friday** | വെള്ളിയാഴ്ച |
| **January** | ജനുവരി |
| **July** | ജൂലൈ |
| **March** | മാർച്ച് |
| **Monday** | തിങ്കളാഴ്ച |
| **Month** | മാസം |
| **November** | നവംബർ |
| **October** | ഒക്ടോബർ |
| **Saturday** | ശനിയാഴ്ച |
| **September** | സെപ്തംബര് |
| **Sunday** | ഞായറാഴ്ച |
| **Thursday** | വ്യാഴാഴ്ച |
| **Tuesday** | ചൊവ്വാഴ്ച |
| **Wednesday** | ബുധനാഴ്ച |
| **Week** | ആഴ്ച |
| **Year** | വർഷം |

## *Diplomacy*
## നയതന്ത്രം

| | |
|---|---|
| **Adviser** | ഉപദേഷ്ടാവ് |
| **Ambassador** | അംബാസഡർ |
| **Citizens** | പൗരന്മാർ |
| **Civic** | സിവിക് |
| **Community** | കമ്മ്യൂണിറ്റി |
| **Conflict** | സംഘർഷം |
| **Cooperation** | സഹകരണം |
| **Diplomatic** | നയതന്ത്ര |
| **Discussion** | ചർച്ച |
| **Embassy** | എംബസി |
| **Foreign** | വിദേശ |
| **Government** | സർക്കാർ |
| **Humanitarian** | മാനുഷിക |
| **Integrity** | സമഗ്രത |
| **Justice** | നീതി |
| **Politics** | രാഷ്ട്രീയം |
| **Resolution** | പ്രമേയം |
| **Security** | സുരക്ഷ |
| **Solution** | പരിഹാരം |
| **Treaty** | ഉടമ്പടി |

## *Driving*
## ഡ്രൈവിംഗ്

| | |
|---|---|
| **Accident** | അപകടം |
| **Brakes** | ബ്രേക്കുകൾ |
| **Bus** | ബസ് |
| **Car** | കാർ |
| **Driver** | ഡ്രൈവർ |
| **Fuel** | ഇന്ധനം |
| **Garage** | ഗാരേജ് |
| **Gas** | ഗ്യാസ് |
| **License** | ലൈസൻസ് |
| **Map** | ഭൂപടം |
| **Motor** | മോട്ടോർ |
| **Police** | പോലീസ് |
| **Road** | റോഡ് |
| **Safety** | സുരക്ഷ |
| **Speed** | വേഗത |
| **Street** | തെരുവ് |
| **Traffic** | ട്രാഫിക് |
| **Transportation** | ഗതാഗതം |
| **Truck** | ട്രക്ക് |
| **Tunnel** | തുരങ്കം |

## *Electricity*
## വൈദ്യുതി

| | |
|---|---|
| **Battery** | ബാറ്ററി |
| **Bulb** | ബൾബ് |
| **Cable** | കേബിൾ |
| **Electric** | വൈദ്യുത |
| **Electrician** | ഇലക്ട്രീഷ്യൻ |
| **Equipment** | ഉപകരണങ്ങൾ |
| **Generator** | ജനറേറ്റർ |
| **Lamp** | വിളക്ക് |
| **Laser** | ലേസർ |
| **Magnet** | കാന്തം |
| **Negative** | നെഗറ്റീവ് |
| **Network** | നെറ്റ് വർക്ക് |
| **Objects** | വസ്തുക്കൾ |
| **Positive** | പോസിറ്റീവ് |
| **Quantity** | അളവ് |
| **Socket** | സോക്കറ്റ് |
| **Storage** | സംഭരണം |
| **Telephone** | ടെലിഫോൺ |
| **Television** | ടെലിവിഷൻ |
| **Wires** | വയറുകൾ |

## *Energy*
## ഊർജ്ജം

| | |
|---|---|
| **Battery** | ബാറ്ററി |
| **Carbon** | കാർബൺ |
| **Diesel** | ഡീസൽ |
| **Electric** | വൈദ്യുത |
| **Electron** | ഇലക്ട്രോൺ |
| **Engine** | എഞ്ചിൻ |
| **Entropy** | എൻട്രോപ്പി |
| **Environment** | പരിസ്ഥിതി |
| **Fuel** | ഇന്ധനം |
| **Gasoline** | ഗ്യാസോലിൻ |
| **Heat** | ചൂട് |
| **Hydrogen** | ഹൈഡ്രജൻ |
| **Industry** | വ്യവസായം |
| **Motor** | മോട്ടോർ |
| **Nuclear** | ആണവ |
| **Photon** | ഫോട്ടോൺ |
| **Pollution** | മലിനീകരണം |
| **Renewable** | പുനരുപയോഗ |
| **Turbine** | ടർബൈൻ |
| **Wind** | കാറ്റ് |

## *Engineering*
എഞ്ചിനീയറിംഗ്

| | |
|---|---|
| Angle | കോൺ |
| Axis | അച്ചുതണ്ട് |
| Calculation | കണക്കുകൂട്ട ൽ |
| Construction | നിർമ്മാണം |
| Depth | ആഴം |
| Diagram | രഖോചിത്രം |
| Diameter | വ്യാസം |
| Diesel | ഡീസൽ |
| Dimensions | അളവുകൾ |
| Distribution | വിതരണം |
| Energy | ഊർജം |
| Engine | എഞ്ചിൻ |
| Liquid | ദ്രാവക |
| Machine | യന്ത്രം |
| Measurement | അളവ് |
| Motor | മോട്ടോർ |
| Propulsion | പ്രൊപ്പൽഷൻ |
| Stability | സ്ഥിരത |
| Strength | ശക്തി |
| Structure | ഘടന |

## *Ethics*
എത്തിക്സ്

| | |
|---|---|
| Altruism | പരോപകാരം |
| Benevolent | ദയാലുവായ |
| Compassion | അനുകമ്പ |
| Cooperation | സഹകരണം |
| Dignity | അന്തസ്സ് |
| Diplomatic | നയതന്ത്ര |
| Honesty | സത്യസന്ധത |
| Humanity | മനുഷ്യത്വം |
| Individualism | വ്യക്തിത്വം |
| Integrity | സമഗ്രത |
| Kindness | ദയ |
| Patience | ക്ഷമ |
| Philosophy | തത്ത്വചിന്ത |
| Rationality | യുക്തിവാദം |
| Realism | റിയലിസം |
| Reasonable | ന്യായമായ |
| Tolerance | സഹനശക്തി |
| Values | മൂല്യങ്ങൾ |
| Wisdom | ജ്ഞാനം |

## *Family*
കുടുംബം

| | |
|---|---|
| Ancestor | പിതാമഹൻ |
| Aunt | അമ്മായി |
| Brother | സഹോദരൻ |
| Child | കുട്ടി |
| Childhood | കുട്ടിക്കാലം |
| Children | മക്കൾ |
| Cousin | കസിൻ |
| Daughter | മകൾ |
| Grandchild | പേരക്കുട്ടി |
| Grandfather | മുത്തച്ഛന് |
| Grandson | കൊച്ചുമകൻ |
| Husband | ഭർത്താവ് |
| Maternal | മാതൃ |
| Mother | അമ്മ |
| Nephew | മരുമകൻ |
| Niece | മരുമകൾ |
| Paternal | പിതാവ് |
| Sister | സഹോദരി |
| Uncle | അമ്മാവൻ |
| Wife | ഭാര്യ |

## *Farm #1*
ഫാം #1

| | |
|---|---|
| Agriculture | കൃഷി |
| Bee | ബീ |
| Bison | കാട്ടുപോത്ത് |
| Calf | കാളക്കുട്ടി |
| Cat | പൂച്ച |
| Chicken | ചിക്കൻ |
| Cow | പശു |
| Crow | കാക്ക |
| Dog | നായ |
| Donkey | കഴുത |
| Fence | വേലി |
| Fertilizer | വളം |
| Field | ഫീൽഡ് |
| Goat | ആട് |
| Hay | ഹേ |
| Honey | തേൻ |
| Horse | കുതിര |
| Rice | അരി |
| Seeds | വിത്തുകൾ |
| Water | വെള്ളം |

## *Farm #2*
ഫാം #2

| | |
|---|---|
| Animals | മൃഗങ്ങൾ |
| Barley | യവം |
| Barn | കളപ്പുര |
| Beehive | തേനീച്ചക്കൂട് |
| Corn | ധാന്യം |
| Duck | താറാവ് |
| Farmer | കർഷകൻ |
| Food | ഭക്ഷണം |
| Fruit | പഴം |
| Irrigation | ജലസേചനം |
| Lamb | ആട്ടിൻകുട്ടി |
| Llama | ലാമ |
| Meadow | പുല്ത്തകിടി |
| Milk | പാൽ |
| Orchard | തോട്ടം |
| Ripe | പഴുത്ത |
| Sheep | ചെമ്മരിയാട് |
| Tractor | ട്രാക്ടർ |
| Vegetable | പച്ചക്കറി |
| Wheat | ഗോതമ്പ് |

## *Fashion*
ഫാഷൻ

| | |
|---|---|
| Affordable | താങ്ങാവുന്ന |
| Boutique | ബോട്ടിക് |
| Buttons | ബട്ടണുകൾ |
| Clothing | വസ്ത്രം |
| Comfortable | സുഖപ്രദമായ |
| Elegant | ത്ത |
| Embroidery | എംബ്രോയിഡറ ി |
| Expensive | ചെലവേറിയ |
| Fabric | ഫാബ്രിക് |
| Lace | നാട |
| Measurements | അളവുകൾ |
| Minimalist | ലളിതമായ |
| Modern | ആധുനിക |
| Modest | എളിമയുള്ള |
| Original | ഒറിജിനൽ |
| Pattern | മാതൃക |
| Practical | പ്രായോഗിക |
| Style | ശൈലി |
| Texture | ടെക്സ്ചർ |
| Trend | ട്രെൻഡ് |

### *Fishing*
ഫിഷിംഗ്

| | |
|---|---|
| **Bait** | കണ്ണി |
| **Basket** | കൊട്ട |
| **Beach** | ബീച്ച് |
| **Boat** | വള്ളം |
| **Cook** | പാചകം |
| **Equipment** | ഉപകരണങ്ങൾ |
| **Exaggeration** | അതിശയോക്തി |
| **Fins** | ഫിൻസ് |
| **Hook** | ഹുക്ക് |
| **Jaw** | അണയിൽ |
| **Lake** | തടാകം |
| **Ocean** | സമുദ്രം |
| **Patience** | ക്ഷമ |
| **River** | നദി |
| **Season** | സീസൺ |
| **Water** | വെള്ളം |
| **Weight** | ഭാരം |
| **Wire** | വയർ |

### *Flowers*
പൂക്കൾ

| | |
|---|---|
| **Bouquet** | പൂച്ചെണ്ട് |
| **Clover** | പച്ചക്കറികളും |
| **Daffodil** | ഡാഫോഡിൽ |
| **Daisy** | ഡെയ്സി |
| **Gardenia** | ഗാർഡനിയ |
| **Hibiscus** | ഹിബിസ്കസ് |
| **Jasmine** | ജാസ്മിൻ |
| **Lavender** | ലാവെൻഡർ |
| **Lily** | ലില്ലി |
| **Magnolia** | മഗ്നോളിയ |
| **Orchid** | ഓർക്കിഡ് |
| **Passionflower** | പാഷൻഫ്ലവർ |
| **Petal** | ഇതള് |
| **Plumeria** | പ്ലൂമേരിയ |
| **Poppy** | പോപ്പി |
| **Rose** | റോസ് |
| **Sunflower** | സൂര്യകാന്തി |
| **Tulip** | തുലിപ് |

### *Food #1*
ഭക്ഷണം #1

| | |
|---|---|
| **Apricot** | ആപ്രിക്കോട്ട് |
| **Barley** | യവം |
| **Basil** | ബസേിൽ |
| **Carrot** | കാരറ്റ് |
| **Cinnamon** | കറുവാപ്പട്ട |
| **Garlic** | വെളുത്തുള്ളി |
| **Juice** | ജ്യൂസ് |
| **Lemon** | നാരങ്ങ |
| **Milk** | പാൽ |
| **Onion** | ഉള്ളി |
| **Peanut** | നിലക്കടല |
| **Pear** | പിയർ |
| **Salad** | സാലഡ് |
| **Salt** | ഉപ്പ് |
| **Soup** | സൂപ്പ് |
| **Spinach** | ചീര |
| **Strawberry** | സ്ട്രോബെറി |
| **Sugar** | പഞ്ചസാര |
| **Tuna** | ട്യൂണ |
| **Turnip** | ടേൺഐപി |

### *Food #2*
ഭക്ഷണം #2

| | |
|---|---|
| **Apple** | ആപ്പിൾ |
| **Artichoke** | ആർട്ടികോക്ക് |
| **Banana** | വാഴപ്പഴം |
| **Broccoli** | ബ്രൊക്കോളി |
| **Celery** | അയമോദകം |
| **Cheese** | ചീസ് |
| **Cherry** | ചെറി |
| **Chicken** | ചിക്കൻ |
| **Chocolate** | ചോക്ലേറ്റ് |
| **Egg** | മുട്ട |
| **Eggplant** | വഴുതന |
| **Fish** | മത്സ്യം |
| **Grape** | മുന്തിരി |
| **Ham** | ഹാം |
| **Kiwi** | കിവി |
| **Mushroom** | കൂൺ |
| **Rice** | അരി |
| **Tomato** | തക്കാളി |
| **Wheat** | ഗോതമ്പ് |
| **Yogurt** | തൈര് |

### *Force and Gravity*
ശക്തിയും ഗുരുത്വാകർഷണം

| | |
|---|---|
| **Axis** | അച്ചുതണ്ട് |
| **Center** | കേന്ദ്രം |
| **Discovery** | കണ്ടെത്തൽ |
| **Distance** | ദൂരം |
| **Dynamic** | ഡൈനാമിക് |
| **Expansion** | വികാസം |
| **Friction** | ഘർഷണം |
| **Impact** | ആഘാതം |
| **Magnetism** | കാന്തികത |
| **Mechanics** | മെക്കാനിക്സ് |
| **Momentum** | ആക്കം |
| **Motion** | ചലനം |
| **Orbit** | ഭ്രമണപഥം |
| **Physics** | ഫിസിക്സ് |
| **Pressure** | മർദ്ദം |
| **Properties** | ഉള്ള |
| **Speed** | വേഗത |
| **Time** | സമയം |
| **Universal** | സാർവത്രിക |
| **Weight** | ഭാരം |

### *Fruit*
പഴം

| | |
|---|---|
| **Apple** | ആപ്പിൾ |
| **Apricot** | ആപ്രിക്കോട്ട് |
| **Avocado** | അവോക്കാഡോ |
| **Banana** | വാഴപ്പഴം |
| **Berry** | ബെറി |
| **Cherry** | ചെറി |
| **Coconut** | നാളികേരം |
| **Fig** | അത്തിപ്പഴം |
| **Grape** | മുന്തിരി |
| **Guava** | പേരയ്ക്ക |
| **Kiwi** | കിവി |
| **Lemon** | നാരങ്ങ |
| **Mango** | മാങ്ങ |
| **Melon** | തണ്ണിമത്തന് |
| **Nectarine** | നെച്തരിനെ |
| **Papaya** | പപ്പായ |
| **Peach** | പീച്ച് |
| **Pear** | പിയർ |
| **Pineapple** | കൈതച്ചക്ക |
| **Raspberry** | റാസ്ബെറി |

## *Garden*
പൂന്തോട്ടം

| | |
|---|---|
| **Bench** | ബെഞ്ച് |
| **Bush** | ബുഷ് |
| **Fence** | വേലി |
| **Flower** | പൂവ് |
| **Garage** | ഗാരേജ് |
| **Garden** | തോട്ടം |
| **Grass** | പുല്ല് |
| **Hammock** | ഹാംഹോക്ക് |
| **Hose** | ഹോസ് |
| **Lawn** | പുൽത്തകിടി |
| **Pond** | കുളം |
| **Porch** | പൂമുഖം |
| **Rake** | മിനുക്കുക |
| **Rocks** | പാറകൾ |
| **Shovel** | കോരിക |
| **Terrace** | ടെറസ് |
| **Trampoline** | ട്രാംപോളിൻ |
| **Tree** | വൃക്ഷം |
| **Vine** | മുന്തിരിവള്ളി |
| **Weeds** | കളകൾ |

## *Gardening*
പൂന്തോട്ട

| | |
|---|---|
| **Blossom** | പുഷ്പം |
| **Botanical** | ബൊട്ടാണിക്കൽ |
| **Bouquet** | പൂച്ചെണ്ട് |
| **Climate** | കാലാവസ്ഥ |
| **Compost** | കമ്പോസ്റ്റ് |
| **Container** | കണ്ടെയ്നർ |
| **Dirt** | അഴുക്ക് |
| **Edible** | ഭക്ഷ്യ |
| **Exotic** | എക്സോട്ടിക് |
| **Floral** | പുഷ്പ |
| **Foliage** | സസ്യജാലങ്ങളിൽ |
| **Hose** | ഹോസ് |
| **Leaf** | ഇല |
| **Moisture** | ഈർപ്പം |
| **Orchard** | തോട്ടം |
| **Seasonal** | സീസണൽ |
| **Seeds** | വിത്തുകൾ |
| **Soil** | മണ്ണ് |
| **Species** | സ്പീഷീസ് |
| **Water** | വെള്ളം |

## *Geography*
ഭൂമിശാസ്ത്രം

| | |
|---|---|
| **Altitude** | ഉയരം |
| **Atlas** | അറ്റ്ലസ് |
| **City** | നഗരം |
| **Continent** | ഭൂഖണ്ഡം |
| **Country** | രാജ്യം |
| **Equator** | ഭൂമദ്ധ്യരേഖ |
| **Hemisphere** | ഹെമിസ്ഫിയർ |
| **Island** | ദ്വീപ് |
| **Latitude** | അക്ഷാംശം |
| **Map** | ഭൂപടം |
| **Meridian** | മെറിഡിയൻ |
| **Mountain** | മല |
| **North** | വടക്ക് |
| **Ocean** | സമുദ്രം |
| **River** | നദി |
| **Sea** | കടൽ |
| **South** | തെക്ക് |
| **Territory** | പ്രദേശം |
| **West** | പടിഞ്ഞാറ് |
| **World** | ലോകം |

## *Geology*
ജിയോളജി

| | |
|---|---|
| **Acid** | ആസിഡ് |
| **Calcium** | കാത്സ്യം |
| **Cavern** | ഗുഹ |
| **Continent** | ഭൂഖണ്ഡം |
| **Coral** | പവിഴം |
| **Crystals** | പരലുകൾ |
| **Cycles** | ചക്രങ്ങൾ |
| **Earthquake** | ഭൂകമ്പം |
| **Erosion** | മണ്ണൊലിപ്പ് |
| **Fossil** | ഫോസിൽ |
| **Lava** | ലാവ |
| **Layer** | പാളി |
| **Minerals** | ധാതുക്കൾ |
| **Molten** | ഉരുകിയ |
| **Plateau** | പീഠഭൂമി |
| **Quartz** | ക്വാർട്സ് |
| **Salt** | ഉപ്പ് |
| **Stalactite** | സ്തലച്ത്തിതെ |
| **Stone** | കല്ല് |
| **Volcano** | അഗ്നിപർവ്വതം |

## *Geometry*
ജ്യാമിതി

| | |
|---|---|
| **Angle** | കോൺ |
| **Calculation** | കണക്കുകൂട്ടൽ |
| **Circle** | സർക്കിൾ |
| **Curve** | കർവ് |
| **Diameter** | വ്യാസം |
| **Dimension** | മാനം |
| **Equation** | സമവാക്യം |
| **Height** | ഉയരം |
| **Horizontal** | തിരശ്ചീന |
| **Logic** | യുക്തി |
| **Mass** | ബഹുജന |
| **Median** | മീഡിയൻ |
| **Number** | നമ്പർ |
| **Parallel** | സമാന്തരം |
| **Proportion** | അനുപാതം |
| **Segment** | സെഗ്മെന്റ് |
| **Surface** | ഉപരിതലത്തിൽ |
| **Symmetry** | സമമിതി |
| **Theory** | സിദ്ധാന്തം |
| **Triangle** | ത്രികോണം |

## *Government*
സർക്കാര്

| | |
|---|---|
| **Citizenship** | പൗരത്വം |
| **Civil** | സിവിൽ |
| **Constitution** | ഭരണഘടന |
| **Democracy** | ജനാധിപത്യം |
| **Discussion** | ചർച്ച |
| **Dissent** | വിയോജിപ്പ് |
| **District** | ജില്ല |
| **Equality** | സമത്വം |
| **Judicial** | ജുഡീഷ്യൽ |
| **Justice** | നീതി |
| **Law** | നിയമം |
| **Leader** | നേതാവ് |
| **Liberty** | സ്വാതന്ത്ര്യം |
| **Monument** | സ്മാരകം |
| **Nation** | ജാതി |
| **Peaceful** | സമാധാനപരമായ |
| **Politics** | രാഷ്ട്രീയം |
| **Speech** | പ്രസംഗം |
| **State** | സംസ്ഥാനം |
| **Symbol** | ചിഹ്നം |

## *Hair Types*
## മുടി തരം

| | |
|---|---|
| Bald | കഷണ്ടി |
| Black | കറുത്ത |
| Blond | ദൃഢമാർന്ന |
| Braids | മഠോഷണവും |
| Brown | തവിട്ട് |
| Colored | നിറമുള്ള |
| Curls | അദ്ധ്യായം |
| Curly | ചുരുണ്ട |
| Dry | ഡ്രൈ |
| Gray | ചാരനിറം |
| Healthy | ആരോഗ്യകരമായ |
| Long | നീണ്ട |
| Scalp | തലയോട്ടി |
| Shiny | തിളങ്ങുന്ന |
| Short | ചെറിയ |
| Silver | വെള്ളി |
| Soft | സോഫ്റ്റ് |
| Thick | കട്ടിയുള്ള |
| Thin | നേർത്ത |
| White | വെള്ള |

## *Health and Wellness #1*
## ആരോഗ്യവും ക്ഷേമവും #1

| | |
|---|---|
| Active | സജീവം |
| Bacteria | ബാക്ടീരിയ |
| Bones | അസ്ഥികൾ |
| Clinic | ക്ലിനിക് |
| Doctor | ഡോക്ടർ |
| Fracture | ഒടിവ് |
| Habit | ശീലം |
| Height | ഉയരം |
| Hormones | ഹോർമോണുകൾ |
| Hunger | വിശപ്പ് |
| Medicine | മരുന്ന് |
| Muscles | പേശികൾ |
| Nerves | ഞരമ്പുകൾ |
| Pharmacy | ഫാർമസി |
| Reflex | റിഫ്ലക്സ് |
| Relaxation | ഇളവ് |
| Skin | തൊലി |
| Therapy | തെറാപ്പി |
| Treatment | ചികിത്സ |
| Virus | വൈറസ് |

## *Health and Wellness #2*
## ആരോഗ്യവും ക്ഷേമവും #2

| | |
|---|---|
| Allergy | അലർജി |
| Anatomy | അനാട്ടമി |
| Appetite | വിശപ്പ് |
| Blood | രക്തം |
| Calorie | കലോറി |
| Dehydration | നിർജലീകരണം |
| Diet | ഡയറ്റ് |
| Disease | രോഗം |
| Energy | ഊർജം |
| Genetics | ജനിതകശാസ്ത്രം |
| Healthy | ആരോഗ്യകരമായ |
| Hospital | ആശുപത്രി |
| Hygiene | ശുചിത്വം |
| Infection | അണുബാധ |
| Massage | മസാജ് |
| Nutrition | പോഷകാഹാരം |
| Recovery | വീണ്ടെടുക്കൽ |
| Stress | സമ്മർദ്ദം |
| Vitamin | ജീവകം |
| Weight | ഭാരം |

## *Herbalism*
## ഹെർബലിസം

| | |
|---|---|
| Aromatic | ആരോമാറ്റിക് |
| Basil | ബസേിൽ |
| Beneficial | ഗുണം |
| Culinary | പാചക |
| Fennel | പെരുംജീരകം |
| Flavor | രസം |
| Flower | പൂവ് |
| Garden | തോട്ടം |
| Garlic | വെളുത്തുള്ളി |
| Green | പച്ച |
| Ingredient | ഘടകം |
| Lavender | ലാവെൻഡർ |
| Marjoram | മര്ജോരമ് |
| Mint | പുതിന |
| Oregano | ഒറിഗാനോ |
| Parsley | ആരാണാവോ |
| Plant | പ്ലാന്റ് |
| Rosemary | റോസ്മേരി |
| Saffron | കുങ്കുമം |
| Tarragon | തര്രഗൊന് |

## *Hiking*
## കാൽനടയാത്ര

| | |
|---|---|
| Animals | മൃഗങ്ങൾ |
| Camping | ക്യാമ്പിംഗ് |
| Cliff | പാറ |
| Climate | കാലാവസ്ഥ |
| Guides | ഗൈഡുകൾ |
| Heavy | കനത്ത |
| Map | ഭൂപടം |
| Mountain | മല |
| Nature | പ്രകൃതി |
| Orientation | ദിശ |
| Parks | പാർക്കുകൾ |
| Preparation | ഒരുക്കം |
| Stones | കല്ലുകൾ |
| Summit | ഉച്ചകോടി |
| Sun | സൂര്യൻ |
| Tired | ക്ഷീണിച്ച |
| Water | വെള്ളം |
| Wild | വൈൽഡ് |

## *House*
## വീട്

| | |
|---|---|
| Attic | തട്ടിന്പുറം |
| Broom | ചൂല് |
| Curtains | മൂടുശീല |
| Door | വാതിൽ |
| Fence | വേലി |
| Fireplace | അടുപ്പ് |
| Floor | തറ |
| Furniture | ഫർണിച്ചർ |
| Garage | ഗാരേജ് |
| Garden | തോട്ടം |
| Keys | കീകൾ |
| Kitchen | അടുക്കള |
| Lamp | വിളക്ക് |
| Library | ലൈബ്രറി |
| Mirror | കണ്ണാടി |
| Roof | മേൽക്കൂര |
| Room | മുറി |
| Shower | ഷവർ |
| Wall | മതിൽ |
| Window | ജാലകം |

## *Human Body*
## മനുഷ്യ ശരീരം

| | |
|---|---|
| Ankle | കണങ്കാൽ |
| Blood | രക്തം |
| Bones | അസ്ഥികൾ |
| Brain | ബുദ്ധി |
| Chin | ചിൻ |
| Ear | ചവെി |
| Elbow | കമൈുട്ട് |
| Face | മുഖം |
| Finger | വിരൽ |
| Hand | കൈ |
| Head | തല |
| Heart | ഹൃദയം |
| Jaw | അണയിൽ |
| Knee | മുട്ടുകുത്തി |
| Leg | ലഗെ് |
| Mouth | വായ |
| Neck | കഴുത്ത് |
| Nose | മൂക്ക് |
| Shoulder | തോൾ |
| Skin | തൊലി |

## *Jazz*
## ജാസ്

| | |
|---|---|
| Album | ആൽബം |
| Applause | കരഘോഷം |
| Artist | കലാകാരന് |
| Composition | ഘടന |
| Concert | കച്ചേരി |
| Drums | ഡ്രംസ് |
| Emphasis | ഊന്നൽ |
| Famous | പ്രശസ്ത |
| Favorites | പ്രിയപ്പെട്ടവ |
| Genre | തരം |
| Influences | സ്വാധീനങ്ങൾ |
| Music | സംഗീതം |
| New | പുതിയ |
| Old | പഴയ |
| Orchestra | ഓർക്കസ്ട്ര |
| Rhythm | താളം |
| Song | ഗാനം |
| Style | ശലൈി |
| Talent | ടാലന്റ് |
| Technique | സാങ്കതേികത |

## *Landscapes*
## ഭൂപ്രകൃതിയും

| | |
|---|---|
| Beach | ബീച്ച് |
| Cave | ഗുഹ |
| Cliff | പാറ |
| Cove | ഉൾക്കടൽ |
| Desert | മരുഭൂമി |
| Dunes | ഡൺസ് |
| Estuary | അഴിമുഖം |
| Glacier | ഹിമാനി |
| Island | ദ്വീപ് |
| Lake | തടാകം |
| Mountain | മല |
| Oasis | ഒയാസിസ് |
| Ocean | സമുദ്രം |
| River | നദി |
| Sea | കടൽ |
| Swamp | ചതുപ്പ് |
| Tundra | ചയെ്യുന്നു |
| Valley | താഴ്വര |
| Volcano | അഗ്നിപർവ്വതം |
| Waterfall | വള്ളെച്ചാട്ടം |

## *Literature*
## സാഹിത്യം

| | |
|---|---|
| Analogy | ശ് |
| Analysis | വിശകലനം |
| Anecdote | കഥ |
| Author | രചയിതാവ് |
| Biography | ജീവചരിത്രം |
| Comparison | താരതമ്യം |
| Conclusion | ഉപസംഹാരം |
| Description | വിവരണം |
| Dialogue | സംഭാഷണം |
| Fiction | ഫിക്ഷൻ |
| Metaphor | രൂപകം |
| Narrator | ആഖ്യാതാവ് |
| Novel | നോവൽ |
| Poem | കവിത |
| Poetic | കാവ്യാത്മകം |
| Rhyme | ഹാസ്യ |
| Rhythm | താളം |
| Style | ശലൈി |
| Theme | തീം |
| Tragedy | ദുരന്തം |

## *Mammals*
## സസ്തനികൾ

| | |
|---|---|
| Bear | കരടി |
| Beaver | ബീവർ |
| Bull | കാള |
| Camel | ഒട്ടകം |
| Cat | പൂച്ച |
| Dog | നായ |
| Dolphin | ഡോൾഫിൻ |
| Elephant | ആന |
| Fox | ഫോക്സ് |
| Giraffe | ജിറാഫ് |
| Gorilla | ഗൊറില്ല |
| Horse | കുതിര |
| Kangaroo | കംഗാരു |
| Lion | സിംഹം |
| Monkey | കുരങ്ങ് |
| Rabbit | മുയൽ |
| Sheep | ചമ്മെരിയാട് |
| Whale | തിമിംഗലം |
| Wolf | ചന്നൊയ |
| Zebra | സീബ്ര |

## *Math*
## മഠം

| | |
|---|---|
| Angles | ആംഗിളുകൾ |
| Arithmetic | ഗണിത |
| Decimal | ദശാംശ |
| Diameter | വ്യാസം |
| Division | ഡിവിഷൻ |
| Equation | സമവാക്യം |
| Exponent | എക്സ്പോണന്റ് |
| Fraction | അംശം |
| Geometry | ജ്യാമിതി |
| Numbers | നമ്പറുകൾ |
| Parallel | സമാന്തരം |
| Perimeter | ചുറ്റളവ് |
| Polygon | പോളിഗോൺ |
| Radius | ആരം |
| Rectangle | ദീർഘചതുരം |
| Square | കവല |
| Sum | സം |
| Symmetry | സമമിതി |
| Triangle | ത്രികോണം |
| Volume | ശബ്ദം |

## *Measurements*
## അളവെടുക്കുന്നു

| | |
|---|---|
| **Byte** | ബൈറ്റ് |
| **Centimeter** | സെന്റീമീറ്റർ |
| **Decimal** | ദശാംശ |
| **Degree** | ഡിഗ്രി |
| **Depth** | ആഴം |
| **Gram** | ഗ്രാം |
| **Height** | ഉയരം |
| **Inch** | ഇഞ്ച് |
| **Kilogram** | കിലോഗ്രാം |
| **Kilometer** | കിലോമീറ്റർ |
| **Length** | നീളം |
| **Liter** | ലിറ്റർ |
| **Mass** | ബഹുജന |
| **Meter** | മീറ്റർ |
| **Minute** | മിനിറ്റ് |
| **Ounce** | ഔൺസ് |
| **Ton** | ടൺ |
| **Volume** | ശബ്ദം |
| **Weight** | ഭാരം |
| **Width** | വീതി |

## *Meditation*
## ധ്യാനം

| | |
|---|---|
| **Acceptance** | സ്വീകാര്യത |
| **Attention** | ശ്രദ്ധ |
| **Awake** | ഉണരുക |
| **Breathing** | ശ്വസനം |
| **Calm** | ശാന്തം |
| **Clarity** | വ്യക്തത |
| **Compassion** | അനുകമ്പ |
| **Emotions** | വികാരങ്ങൾ |
| **Gratitude** | നന്ദി |
| **Habits** | ശീലങ്ങൾ |
| **Kindness** | ദയ |
| **Mental** | മാനസിക |
| **Mind** | മനസ്സ് |
| **Movement** | പ്രസ്ഥാനം |
| **Music** | സംഗീതം |
| **Nature** | പ്രകൃതി |
| **Peace** | സമാധാനം |
| **Perspective** | കാഴ്ചപ്പാട് |
| **Silence** | നിശ്ശബ്ദം |
| **Thoughts** | ചിന്തകൾ |

## *Music*
## സംഗീതം

| | |
|---|---|
| **Album** | ആൽബം |
| **Chorus** | കോറസ് |
| **Classical** | ക്ലാസിക്കൽ |
| **Harmonic** | ഹാർമോണിക് |
| **Harmony** | ഹാർമണി |
| **Improvise** | ഇംപ്രൂവ് |
| **Instrument** | ഉപകരണ |
| **Lyrical** | രമണീയമായ |
| **Melody** | മെലഡി |
| **Microphone** | മൈക്രോഫോൺ |
| **Musical** | സംഗീത |
| **Musician** | സംഗീതജ്ഞൻ |
| **Opera** | ഓപ്പറ |
| **Poetic** | കാവ്യാത്മകം |
| **Recording** | റെക്കോർഡിംഗ് |
| **Rhythm** | താളം |
| **Sing** | പാടുക |
| **Singer** | ഗായകൻ |
| **Tempo** | വൈകൊതൈ |
| **Vocal** | ശബ്ദം |

## *Musical Instruments*
## സംഗീത ഉപകരണങ്ങൾ

| | |
|---|---|
| **Banjo** | ബാൻജോ |
| **Bassoon** | ബാസൂൺ |
| **Cello** | സെല്ലോ |
| **Clarinet** | ക്ലാരിനെറ്റ് |
| **Drum** | ഡ്രം |
| **Flute** | തംബുരു |
| **Gong** | മണിനാദം |
| **Guitar** | ഗിറ്റാർ |
| **Harmonica** | ഹാർമോണിക്ക |
| **Harp** | ഹാർപ്പ് |
| **Oboe** | ഓബോ |
| **Percussion** | താളവാദ്യം |
| **Piano** | പിയാനോ |
| **Saxophone** | സാക്സോഫോൺ |
| **Tambourine** | ടാംബൂറിൻ |
| **Trombone** | ട്രോംബോൺ |
| **Trumpet** | കാഹളം |
| **Violin** | വയലിൻ |

## *Mythology*
## മിത്തോളജി

| | |
|---|---|
| **Archetype** | ആർക്കിടൈപ്പ് |
| **Behavior** | പെരുമാറ്റം |
| **Beliefs** | വിശ്വാസങ്ങൾ |
| **Creation** | സൃഷ്ടി |
| **Creature** | ജീവി |
| **Culture** | സംസ്കാരം |
| **Deities** | ദേവതകൾ |
| **Disaster** | ദുരന്തം |
| **Heaven** | സ്വർഗം |
| **Hero** | ഹീറോ |
| **Immortality** | അനശ്വരത |
| **Jealousy** | അസൂയ |
| **Labyrinth** | ലാബിരിംത് |
| **Legend** | ഇതിഹാസം |
| **Lightning** | മിന്നൽ |
| **Monster** | രാക്ഷസൻ |
| **Mortal** | മോർട്ടൽ |
| **Revenge** | പ്രതികാരം |
| **Thunder** | ഇടിമുഴക്കം |
| **Warrior** | യോദ്ധാവ് |

## *Nature*
## പ്രകൃതി

| | |
|---|---|
| **Animals** | മൃഗങ്ങൾ |
| **Arctic** | ആർട്ടിക് |
| **Beauty** | സൗന്ദര്യം |
| **Bees** | തേനീച്ച |
| **Cliffs** | മലഞ്ചെരിവുകൾ |
| **Clouds** | മേഘങ്ങൾ |
| **Desert** | മരുഭൂമി |
| **Dynamic** | ഡൈനാമിക് |
| **Erosion** | മണ്ണൊലിപ്പ് |
| **Fog** | മൂടൽമഞ്ഞ് |
| **Foliage** | സസ്യജാലങ്ങളിൽ |
| **Forest** | വനം |
| **Glacier** | ഹിമാനി |
| **Peaceful** | സമാധാനപരമായ |
| **River** | നദി |
| **Sanctuary** | സങ്കേതം |
| **Serene** | ശുദ്ധവായു |
| **Tropical** | ഉഷ്ണമേഖലാ |
| **Vital** | സുപ്രധാന |
| **Wild** | വൈൽഡ് |

### *Numbers*
### നമ്പറുകൾ

| | |
|---|---|
| **Decimal** | ദശാംശ |
| **Eight** | എട്ട് |
| **Eighteen** | പതിനെട്ട് |
| **Fifteen** | പതിനഞ്ച് |
| **Five** | അഞ്ച് |
| **Four** | നാല് |
| **Fourteen** | പതിനാല് |
| **Nine** | ഒമ്പത് |
| **Nineteen** | പത്തൊമ്പത് |
| **One** | ഒന്ന് |
| **Seven** | ഏഴ് |
| **Seventeen** | പതിനേഴ് |
| **Six** | ആറ് |
| **Sixteen** | പതിനാറ് |
| **Ten** | പത്ത് |
| **Thirteen** | പതിമൂന്ന് |
| **Three** | മൂന്ന് |
| **Twelve** | പന്ത്രണ്ട് |
| **Twenty** | ഇരുപത് |
| **Two** | രണ്ട് |

### *Nutrition*
### പോഷകാഹാരം

| | |
|---|---|
| **Appetite** | വിശപ്പ് |
| **Balanced** | സമതുലിതമായ |
| **Bitter** | ബിറ്റർ |
| **Calories** | കലോറി |
| **Diet** | ഡയറ്റ് |
| **Digestion** | ദഹനം |
| **Edible** | ഭക്ഷ്യ |
| **Fermentation** | പുളിപ്പിക്കൽ |
| **Flavor** | രസം |
| **Habits** | ശീലങ്ങൾ |
| **Health** | ആരോഗ്യം |
| **Healthy** | ആരോഗ്യകരമായ |
| **Liquids** | ദ്രാവകങ്ങൾ |
| **Nutrient** | പോഷകാഹാരം |
| **Proteins** | പ്രോട്ടീനുകൾ |
| **Quality** | ഗുണമേന്മയുള്ള |
| **Sauce** | സോസ് |
| **Toxin** | ടോക്സിൻ |
| **Vitamin** | ജീവകം |
| **Weight** | ഭാരം |

### *Ocean*
### മഹാസമുദ്രം

| | |
|---|---|
| **Algae** | ആൽഗ |
| **Boat** | വള്ളം |
| **Coral** | പവിഴം |
| **Crab** | ഞണ്ട് |
| **Dolphin** | ഡോൾഫിൻ |
| **Eel** | ഈൽ |
| **Fish** | മത്സ്യം |
| **Jellyfish** | ജല്ലിഫിഷ് |
| **Octopus** | നീരാളി |
| **Reef** | റീഫ് |
| **Salt** | ഉപ്പ് |
| **Shark** | സ്രാവ് |
| **Shrimp** | ചമ്മീൻ |
| **Sponge** | സ്പോഞ്ച് |
| **Storm** | കൊടുങ്കാറ്റ് |
| **Tides** | വേലിയേറ്റം |
| **Tuna** | ട്യൂണ |
| **Turtle** | കടലാമ |
| **Whale** | തിമിംഗലം |

### *Pets*
### വളർത്തുമൃഗങ്ങൾ

| | |
|---|---|
| **Cat** | പൂച്ച |
| **Claws** | നഖങ്ങൾ |
| **Collar** | മാല |
| **Cow** | പശു |
| **Dog** | നായ |
| **Fish** | മത്സ്യം |
| **Food** | ഭക്ഷണം |
| **Goat** | ആട് |
| **Hamster** | എലി |
| **Kitten** | പൂച്ചക്കുട്ടി |
| **Lizard** | പല്ലി |
| **Mouse** | മൌസ് |
| **Parrot** | തത്ത |
| **Rabbit** | മുയൽ |
| **Tail** | വാൽ |
| **Turtle** | കടലാമ |
| **Veterinarian** | മൃഗവൈദ്യന് |
| **Water** | വെള്ളം |

### *Physics*
### ഫിസിക്സ്

| | |
|---|---|
| **Acceleration** | ത്വരണം |
| **Atom** | ആറ്റം |
| **Chaos** | കുഴപ്പം |
| **Chemical** | കമെിക്കൽ |
| **Density** | സാന്ദ്രത |
| **Electron** | ഇലക്ട്രോൺ |
| **Engine** | എഞ്ചിൻ |
| **Formula** | ഫോർമുല |
| **Frequency** | ആവൃത്തി |
| **Gas** | ഗ്യാസ് |
| **Magnetism** | കാന്തികത |
| **Mass** | ബഹുജന |
| **Mechanics** | മെക്കാനിക്സ് |
| **Molecule** | തന്മാത്ര |
| **Nuclear** | ആണവ |
| **Particle** | കണിക |
| **Relativity** | ആപേക്ഷികത |
| **Speed** | വേഗത |
| **Universal** | സാർവത്രിക |
| **Velocity** | പ്രവേഗം |

### *Plants*
### സസ്യങ്ങൾ

| | |
|---|---|
| **Bamboo** | മുള |
| **Bean** | ബീൻ |
| **Berry** | ബെറി |
| **Botany** | പൊതുവായ |
| **Bush** | ബുഷ് |
| **Cactus** | കള്ളിച്ചെടി |
| **Fertilizer** | വളം |
| **Flora** | ഫ്ലോറ |
| **Flower** | പൂവ് |
| **Foliage** | സസ്യജാലങ്ങളിൽ |
| **Forest** | വനം |
| **Garden** | തോട്ടം |
| **Grass** | പുല്ല് |
| **Ivy** | ഐവി |
| **Moss** | മോസ് |
| **Petal** | ഇതള് |
| **Root** | റൂട്ട് |
| **Stem** | തണ്ട് |
| **Tree** | വൃക്ഷം |
| **Vegetation** | വെജിറ്റേഷൻ |

## *Professions #1*
## ഉദ്യോഗങ്ങൾക്കും #1

| | |
|---|---|
| **Ambassador** | അംബാസഡർ |
| **Attorney** | അറ്റോർണി |
| **Banker** | ബാങ്കർ |
| **Cartographer** | കാർട്ടോഗ്രാഫർ |
| **Coach** | കോച്ച് |
| **Dancer** | നർത്തകി |
| **Doctor** | ഡോക്ടർ |
| **Editor** | എഡിറ്റർ |
| **Geologist** | ജിയോളജിസ്റ്റ് |
| **Jeweler** | ആഭരണം |
| **Lawyer** | അഭിഭാഷകൻ |
| **Musician** | സംഗീതജ്ഞൻ |
| **Nurse** | നഴ്സ് |
| **Pharmacist** | ഫാർമസിസ്റ്റ് |
| **Pianist** | പിയാനിസ്റ്റ് |
| **Plumber** | പ്ലംബർ |
| **Sailor** | നാവികൻ |
| **Scientist** | ശാസ്ത്രജ്ഞൻ |
| **Tailor** | തയ്യൽക്കാരൻ |
| **Veterinarian** | മൃഗവൈദ്യന് |

## *Professions #2*
## ഉദ്യോഗങ്ങൾക്കും #2

| | |
|---|---|
| **Biologist** | ജൈവ |
| **Chemist** | രസതന്ത്രം |
| **Detective** | ഡിറ്റക്ടീവ് |
| **Engineer** | എഞ്ചിനീയർ |
| **Farmer** | കർഷകൻ |
| **Gardener** | തോട്ടക്കാരൻ |
| **Investigator** | അന്വേഷകൻ |
| **Librarian** | ലൈബ്രേറിയൻ |
| **Linguist** | ഭാഷാ പണ്ഡിതൻ |
| **Painter** | ചിത്രകാരൻ |
| **Philosopher** | ദാർശനികൻ |
| **Photographer** | ഫോട്ടോഗ്രാഫർ |
| **Physician** | വൈദ്യൻ |
| **Pilot** | പൈലറ്റ് |
| **Professor** | പ്രൊഫസർ |
| **Publisher** | പ്രസാധകൻ |
| **Researcher** | ഗവേഷകൻ |
| **Surgeon** | സർജൻ |
| **Teacher** | അധ്യാപകൻ |
| **Zoologist** | സുവോളജിസ്റ്റ് |

## *Psychology*
## മനഃശാസ്ത്രം

| | |
|---|---|
| **Appointment** | നിയമനം |
| **Assessment** | വിലയിരുത്തൽ |
| **Behavior** | പെരുമാറ്റം |
| **Childhood** | കുട്ടിക്കാലം |
| **Clinical** | ക്ലിനിക്കൽ |
| **Cognition** | അറിവ് |
| **Conflict** | സംഘർഷം |
| **Dreams** | സ്വപ്നങ്ങൾ |
| **Ego** | അഹം |
| **Emotions** | വികാരങ്ങൾ |
| **Ideas** | ആശയങ്ങൾ |
| **Perception** | ധാരണ |
| **Personality** | വ്യക്തിത്വം |
| **Problem** | പ്രശ്നം |
| **Reality** | റിയാലിറ്റി |
| **Sensation** | സംവേദനം |
| **Subconscious** | ഉപബോധമനസ്സ് |
| **Therapy** | തെറാപ്പി |
| **Thoughts** | ചിന്തകൾ |
| **Unconscious** | അബോധാവസ്ഥയിൽ |

## *Rainforest*
## മഴക്കാടുകളുടെ

| | |
|---|---|
| **Amphibians** | ഉഭയജീവികൾ |
| **Birds** | പക്ഷികൾ |
| **Botanical** | ബൊട്ടാണിക്കൽ |
| **Climate** | കാലാവസ്ഥ |
| **Clouds** | മേഘങ്ങൾ |
| **Community** | കമ്മ്യൂണിറ്റി |
| **Diversity** | വൈവിധ്യം |
| **Insects** | പ്രാണികളെ |
| **Jungle** | ജംഗിൾ |
| **Mammals** | സസ്തനികൾ |
| **Moss** | മോസ് |
| **Nature** | പ്രകൃതി |
| **Preservation** | സംരക്ഷണം |
| **Refuge** | അഭയം |
| **Respect** | ആദരവ് |
| **Restoration** | പുനഃസ്ഥാപന |
| **Species** | സ്പീഷീസ് |
| **Survival** | അതിജീവനം |
| **Valuable** | വിലപ്പെട്ട |

## *Restaurant #1*
## റെസ്റ്റോറന്റ് #1

| | |
|---|---|
| **Allergy** | അലർജി |
| **Bowl** | ബൗൾ |
| **Bread** | അപ്പം |
| **Cashier** | കാഷ്യർ |
| **Chicken** | ചിക്കൻ |
| **Coffee** | കാപ്പി |
| **Dessert** | മധുരപലഹാരം |
| **Food** | ഭക്ഷണം |
| **Ingredients** | ചേരുവകൾ |
| **Kitchen** | അടുക്കള |
| **Knife** | കത്തി |
| **Meat** | മാംസം |
| **Menu** | മെനു |
| **Napkin** | തൂവാല |
| **Plate** | പ്ലേറ്റ് |
| **Reservation** | റിസർവേഷൻ |
| **Sauce** | സോസ് |
| **Spicy** | എരിവും |
| **Waitress** | പരിചാരിക |

## *Restaurant #2*
## റെസ്റ്റോറന്റ് #2

| | |
|---|---|
| **Appetizer** | വിശപ്പ് |
| **Beverage** | പാനീയം |
| **Cake** | കേക്ക് |
| **Chair** | കസേര |
| **Delicious** | രുചികരമായ |
| **Dinner** | അത്താഴം |
| **Eggs** | മുട്ട |
| **Fish** | മത്സ്യം |
| **Fork** | ഫോർക്ക് |
| **Fruit** | പഴം |
| **Ice** | ഐസ് |
| **Lunch** | ഉച്ചഭക്ഷണം |
| **Noodles** | നൂഡിൽസ് |
| **Salad** | സാലഡ് |
| **Salt** | ഉപ്പ് |
| **Soup** | സൂപ്പ് |
| **Spoon** | കരണ്ടി |
| **Vegetables** | പച്ചക്കറികൾ |
| **Waiter** | വെയ്റ്റർ |
| **Water** | വെള്ളം |

## *Science*
## ശാസ്ത്രം

| | |
|---|---|
| **Atom** | ആറ്റം |
| **Chemical** | കെമിക്കൽ |
| **Climate** | കാലാവസ്ഥ |
| **Data** | ഡാറ്റ |
| **Evolution** | പരിണാമം |
| **Experiment** | പരീക്ഷണം |
| **Fact** | വസ്തുത |
| **Fossil** | ഫോസിൽ |
| **Gravity** | ഗ്രാവിറ്റി |
| **Hypothesis** | സിദ്ധാന്തം |
| **Laboratory** | ലബോറട്ടറി |
| **Method** | രീതി |
| **Minerals** | ധാതുക്കൾ |
| **Molecules** | തന്മാത്രകൾ |
| **Nature** | പ്രകൃതി |
| **Observation** | നിരീക്ഷണം |
| **Particles** | കണികകൾ |
| **Physics** | ഫിസിക്സ് |
| **Plants** | സസ്യങ്ങൾ |
| **Scientist** | ശാസ്ത്രജ്ഞൻ |

## *Science Fiction*
## സയൻസ് ഫിക്ഷൻ

| | |
|---|---|
| **Atomic** | ആറ്റം |
| **Books** | പുസ്തകങ്ങൾ |
| **Chemicals** | രാസവസ്തുക്കൾ |
| **Cinema** | സിനിമ |
| **Dystopia** | ഡിസ്റ്റോപിയ |
| **Explosion** | സ്ഫോടനം |
| **Extreme** | കടുത്ത |
| **Fantastic** | ഫന്റാസ്റ്റിക് |
| **Fire** | തീ |
| **Galaxy** | ഗാലക്സി |
| **Illusion** | ഭ്രമം |
| **Imaginary** | സാങ്കൽപ്പിക |
| **Mysterious** | നിഗൂഢമായ |
| **Novels** | നോവലുകൾ |
| **Oracle** | ഒറാക്കിൾ |
| **Planet** | ഗ്രഹം |
| **Realistic** | റിയലിസ്റ്റിക് |
| **Robots** | റോബോട്ടുകൾ |
| **Utopia** | ഉട്ടോപ്യ |
| **World** | ലോകം |

## *Scientific Disciplines*
## ശാസ്ത്രശാഖകൾ

| | |
|---|---|
| **Anatomy** | അനാട്ടമി |
| **Biochemistry** | പൊതുവായ |
| **Biology** | ജീവശാസ്ത്രം |
| **Botany** | പൊതുവായ |
| **Chemistry** | രസതന്ത്രം |
| **Ecology** | ശരീരഘടന |
| **Geology** | ഭൂമിശാസ്ത്രം |
| **Immunology** | ഇമ്മ്യൂണോളജി |
| **Kinesiology** | കൈനെസിയോളജി |
| **Linguistics** | ഭാഷാശാസ്ത്രം |
| **Mechanics** | മെക്കാനിക്സ് |
| **Mineralogy** | മിനറോളജി |
| **Neurology** | ന്യൂറോളജി |
| **Nutrition** | പോഷകാഹാരം |
| **Physiology** | ഫിസിയോളജി |
| **Psychology** | മനഃശാസ്ത്രം |
| **Robotics** | റോബോട്ടിക്സ് |
| **Sociology** | സോഷ്യോളജി |
| **Thermodynamics** | ഭൗതികശാസ്ത്രം |
| **Zoology** | സുവോളജി |

## *Shapes*
## ആകൃതികൾ

| | |
|---|---|
| **Arc** | ആർക് |
| **Circle** | സർക്കിൾ |
| **Cone** | കോൺ |
| **Corner** | മൂല |
| **Cube** | ക്യൂബ് |
| **Curve** | കർവ് |
| **Cylinder** | സിലിണ്ടർ |
| **Ellipse** | ദീർഘവൃത്തം |
| **Hyperbola** | ഹൈപ്പർബോള |
| **Line** | ലൈൻ |
| **Oval** | ഓവൽ |
| **Polygon** | പോളിഗോൺ |
| **Prism** | പ്രിസം |
| **Pyramid** | പിരമിഡ് |
| **Rectangle** | ദീർഘചതുരം |
| **Round** | റൗണ്ട് |
| **Side** | വശം |
| **Sphere** | ഗോളം |
| **Square** | കവല |
| **Triangle** | ത്രികോണം |

## *Spices*
## സുഗന്ധവ്യഞ്ജനങ്ങൾ

| | |
|---|---|
| **Anise** | അനീസ് |
| **Bitter** | ബിറ്റർ |
| **Cardamom** | ഏലം |
| **Cinnamon** | കറുവാപ്പട്ട |
| **Clove** | ഗ്രാമ്പൂ |
| **Coriander** | മല്ലി |
| **Cumin** | ജീരകം |
| **Curry** | കറി |
| **Fennel** | പെരുംജീരകം |
| **Fenugreek** | ഉലുവ |
| **Flavor** | രസം |
| **Garlic** | വെളുത്തുള്ളി |
| **Ginger** | ഇഞ്ചി |
| **Nutmeg** | ജാതിക്ക |
| **Onion** | ഉള്ളി |
| **Paprika** | പപ്രിക |
| **Saffron** | കുങ്കുമം |
| **Salt** | ഉപ്പ് |
| **Sweet** | മധുരം |
| **Vanilla** | വാനില |

## *Sport*
## സ്പോർട്ട്

| | |
|---|---|
| **Ability** | കഴിവ് |
| **Body** | ശരീരം |
| **Bones** | അസ്ഥികൾ |
| **Cardiovascular** | ഹൃദയ |
| **Coach** | കോച്ച് |
| **Cycling** | സൈക്ലിംഗ് |
| **Dancing** | നൃത്തം |
| **Diet** | ഡയറ്റ് |
| **Endurance** | സഹിഷ്ണുത |
| **Goal** | ലക്ഷ്യം |
| **Health** | ആരോഗ്യം |
| **Jogging** | ഓട്ടം |
| **Maximize** | വലുതാക്കുക |
| **Metabolic** | ഉപാപചയ |
| **Muscles** | പേശികൾ |
| **Nutrition** | പോഷകാഹാരം |
| **Program** | പ്രോഗ്രാം |
| **Sports** | സ്പോർട്സ് |
| **Strength** | ശക്തി |
| **Stretching** | സ്ട്രെച്ചിംഗ് |

## *Technology*
## ടെക്നോളജി

| | |
|---|---|
| **Blog** | ബ്ലോഗ് |
| **Browser** | ബ്രൗസർ |
| **Bytes** | ബൈറ്റ്സ് |
| **Camera** | ക്യാമറ |
| **Computer** | കമ്പ്യൂട്ടർ |
| **Cursor** | കഴ്സർ |
| **Data** | ഡാറ്റ |
| **Digital** | ഡിജിറ്റൽ |
| **Display** | ഡിസ്പ്ലേ |
| **File** | ഫയല് |
| **Font** | ഫോണ്ട് |
| **Internet** | ഇന്റർനെറ്റ് |
| **Message** | സന്ദേശം |
| **Research** | ഗവേഷണം |
| **Screen** | സ്ക്രീൻ |
| **Security** | സുരക്ഷ |
| **Software** | സോഫ്റ്റ്വെയെർ |
| **Virtual** | വെർച്വൽ |
| **Virus** | വൈറസ് |

## *The Company*
## കമ്പനി

| | |
|---|---|
| **Business** | ബിസിനസ്സ് |
| **Creative** | സൃഷ്ടിപരമായ |
| **Decision** | തീരുമാനം |
| **Employment** | തൊഴിൽ |
| **Industry** | വ്യവസായം |
| **Innovative** | നൂതനമായ |
| **Investment** | നിക്ഷേപം |
| **Possibility** | സാധ്യത |
| **Presentation** | അവതരണം |
| **Product** | ഉത്പന്നം |
| **Professional** | പ്രൊഫഷണൽ |
| **Progress** | പുരോഗതി |
| **Quality** | ഗുണമേന്മയുള്ള |
| **Reputation** | പ്രശസ്തി |
| **Resources** | വിഭവങ്ങൾ |
| **Revenue** | വരുമാനം |
| **Risks** | അപകട |
| **Trends** | ട്രെൻഡുകൾ |
| **Units** | യൂണിറ്റുകൾ |
| **Wages** | വേതനം |

## *The Media*
## മീഡിയ

| | |
|---|---|
| **Advertisements** | പരസ്യങ്ങൾ |
| **Attitudes** | മനോഭാവം |
| **Commercial** | വാണിജ്യ |
| **Communication** | ആശയവിനിമയം |
| **Digital** | ഡിജിറ്റൽ |
| **Edition** | പതിപ്പ് |
| **Education** | വിദ്യാഭ്യാസം |
| **Facts** | വസ്തുതകൾ |
| **Funding** | ഫണ്ടിംഗ് |
| **Images** | ചിത്രങ്ങൾ |
| **Individual** | വ്യക്തി |
| **Industry** | വ്യവസായം |
| **Intellectual** | ബൗദ്ധിക |
| **Local** | പ്രാദേശിക |
| **Network** | നെറ്റ് വർക്ക് |
| **Newspapers** | പത്രങ്ങൾ |
| **Online** | ഓൺലൈൻ |
| **Opinion** | അഭിപ്രായം |
| **Public** | പൊതു |
| **Radio** | റേഡിയോ |

## *Time*
## സമയം

| | |
|---|---|
| **Annual** | വാർഷിക |
| **Before** | മുമ്പ് |
| **Calendar** | കലണ്ടർ |
| **Century** | നൂറ്റാണ്ട് |
| **Clock** | ക്ലോക്ക് |
| **Day** | ദിവസം |
| **Decade** | ദശകം |
| **Early** | നേരത്തെ |
| **Future** | ഭാവി |
| **Hour** | മണിക്കൂർ |
| **Minute** | മിനിറ്റ് |
| **Month** | മാസം |
| **Morning** | രാവിലെ |
| **Night** | രാത്രി |
| **Noon** | ഉച്ചയ്ക്ക് |
| **Now** | ഇപ്പോൾ |
| **Soon** | ഉടൻ |
| **Today** | ഇന്ന് |
| **Week** | ആഴ്ച |
| **Year** | വർഷം |

## *Town*
## പട്ടണം

| | |
|---|---|
| **Airport** | വിമാനത്താവളം |
| **Bakery** | ബേക്കറി |
| **Bank** | ബാങ്ക് |
| **Bookstore** | പുസ്തകശാല |
| **Cinema** | സിനിമ |
| **Clinic** | ക്ലിനിക് |
| **Florist** | സലൂൺ |
| **Gallery** | ഗാലറി |
| **Hotel** | ഹോട്ടൽ |
| **Library** | ലൈബ്രറി |
| **Market** | വിപണി |
| **Museum** | മ്യൂസിയം |
| **Pharmacy** | ഫാർമസി |
| **Restaurant** | റെസ്റ്റോറന്റ് |
| **School** | വിദ്യാലയം |
| **Stadium** | സ്റ്റേഡിയം |
| **Store** | കട |
| **Theater** | തിയേറ്റർ |
| **Zoo** | മൃഗശാല |

## *Universe*
## പ്രപഞ്ചം

| | |
|---|---|
| **Asteroid** | ഛിന്നഗ്രഹം |
| **Atmosphere** | അന്തരീക്ഷം |
| **Celestial** | ഖഗോള |
| **Cosmic** | കോസ്മിക് |
| **Darkness** | ഇരുട്ട് |
| **Eon** | ഇയോൺ |
| **Equator** | ഭൂമദ്ധ്യരേഖ |
| **Galaxy** | ഗാലക്സി |
| **Hemisphere** | ഹെമിസ്ഫിയർ |
| **Horizon** | ചക്രവാളം |
| **Latitude** | അക്ഷാംശം |
| **Longitude** | രേഖാംശം |
| **Moon** | ചന്ദ്രൻ |
| **Orbit** | ഭ്രമണപഥം |
| **Sky** | ആകാശം |
| **Solar** | സോളാർ |
| **Solstice** | സംക്രമണം |
| **Telescope** | ദൂരദർശിനി |
| **Visible** | ദൃശ്യമായ |
| **Zodiac** | രാശിചക്രം |

## *Vacation #2*
## അവധിക്കാല #2

| | |
|---|---|
| **Airport** | വിമാനത്താവളം |
| **Beach** | ബീച്ച് |
| **Camping** | ക്യാമ്പിംഗ് |
| **Destination** | ലക്ഷ്യസ്ഥാനം |
| **Foreign** | വിദേശ |
| **Foreigner** | വിദേശി |
| **Holiday** | അവധി |
| **Hotel** | ഹോട്ടൽ |
| **Island** | ദ്വീപ് |
| **Journey** | യാത്ര |
| **Leisure** | വിനോദം |
| **Map** | ഭൂപടം |
| **Passport** | പാസ്പോർട്ട് |
| **Restaurant** | റസ്റ്ററോറന്റ് |
| **Sea** | കടൽ |
| **Taxi** | ടാക്സി |
| **Tent** | കൂടാരം |
| **Train** | തീവണ്ടി |
| **Transportation** | ഗതാഗതം |
| **Visa** | വിസ |

## *Vegetables*
## പച്ചക്കറികൾ

| | |
|---|---|
| **Artichoke** | ആർട്ടികോക്ക് |
| **Broccoli** | ബ്രൊക്കോളി |
| **Carrot** | കാരറ്റ് |
| **Cauliflower** | കോളിഫ്ലവർ |
| **Celery** | അയമോദകം |
| **Cucumber** | വെള്ളരിക്ക |
| **Eggplant** | വഴുതന |
| **Garlic** | വെളുത്തുള്ളി |
| **Ginger** | ഇഞ്ചി |
| **Mushroom** | കൂൺ |
| **Onion** | ഉള്ളി |
| **Parsley** | ആരാണാവോ |
| **Pea** | പി.ഇ.എ. |
| **Pumpkin** | മത്തങ്ങ |
| **Radish** | റാഡിഷ് |
| **Salad** | സാലഡ് |
| **Shallot** | ചുവന്നുള്ളി |
| **Spinach** | ചീര |
| **Tomato** | തക്കാളി |
| **Turnip** | ടേൺഐപി |

## *Vehicles*
## വാഹനങ്ങൾ

| | |
|---|---|
| **Airplane** | വിമാനം |
| **Ambulance** | ആംബുലൻസ് |
| **Bicycle** | സൈക്കിൾ |
| **Boat** | വള്ളം |
| **Bus** | ബസ് |
| **Car** | കാർ |
| **Caravan** | കാരവൻ |
| **Engine** | എഞ്ചിൻ |
| **Ferry** | ഫെറി |
| **Helicopter** | ഹെലികോപ്റ്റർ |
| **Motor** | മോട്ടോർ |
| **Raft** | ചങ്ങാടം |
| **Rocket** | റോക്കറ്റ് |
| **Scooter** | സ്കൂട്ടർ |
| **Submarine** | അന്തർവാഹിനി |
| **Subway** | സബ്‌വേ |
| **Taxi** | ടാക്സി |
| **Tires** | ടയറുകൾ |
| **Tractor** | ട്രാക്ടർ |
| **Truck** | ട്രക്ക് |

## *Virtues #1*
## ശ്രേഷ്ഠത #1

| | |
|---|---|
| **Artistic** | കലാപരമായ |
| **Charming** | നു |
| **Clean** | വെടിപ്പുള്ള |
| **Confident** | ആത്മവിശ്വാസം |
| **Curious** | കൗതുകകരമായ |
| **Decisive** | നിർണ്ണായകം |
| **Efficient** | കാര്യക്ഷമമായ |
| **Funny** | തമാശ |
| **Generous** | ഉദാരമായ |
| **Good** | നല്ല |
| **Helpful** | സഹായകരമായ |
| **Imaginative** | ഭാവനാശാലിയായ |
| **Independent** | സ്വതന്ത്ര |
| **Intelligent** | ബുദ്ധിയുള്ള |
| **Modest** | എളിമയുള്ള |
| **Passionate** | വികാരാധീനമായ |
| **Patient** | രോഗി |
| **Practical** | പ്രായോഗിക |
| **Reliable** | വിശ്വസനീയമായ |
| **Wise** | വൈസ് |

## *Visual Arts*
## വിഷ്വൽ ആർട്സ്

| | |
|---|---|
| **Architecture** | വാസ്തുവിദ്യ |
| **Artist** | കലാകാരന് |
| **Ceramics** | സെറാമിക്സ് |
| **Chalk** | ചോക്ക് |
| **Charcoal** | കരി |
| **Clay** | കളിമണ്ണ് |
| **Composition** | ഘടന |
| **Creativity** | സർഗാത്മകത |
| **Easel** | ഈസൽ |
| **Film** | സിനിമ |
| **Masterpiece** | മാസ്റ്റർപീസ് |
| **Pen** | പേന |
| **Pencil** | പെൻസിൽ |
| **Perspective** | കാഴ്ചപ്പാട് |
| **Portrait** | ഛായാചിത്രം |
| **Pottery** | മൺപാത്രങ്ങൾ |
| **Sculpture** | ശില്പം |
| **Stencil** | സ്റ്റെൻസിൽ |
| **Varnish** | വാർണിഷ് |
| **Wax** | മെഴുക് |

## *Water*
## വെള്ളം

| | |
|---|---|
| **Canal** | കനാൽ |
| **Damp** | നനഞ്ഞ |
| **Evaporation** | ബാഷ്പീകരണം |
| **Flood** | വെള്ളപ്പൊക്കം |
| **Frost** | മഞ്ഞ് |
| **Geyser** | ഗെയ്സർ |
| **Hurricane** | ചുഴലിക്കാറ്റ് |
| **Ice** | ഐസ് |
| **Irrigation** | ജലസേചനം |
| **Lake** | തടാകം |
| **Moisture** | ഈർപ്പം |
| **Monsoon** | മൺസൂൺ |
| **Ocean** | സമുദ്രം |
| **Rain** | മഴ |
| **River** | നദി |
| **Shower** | ഷവർ |
| **Snow** | മഞ്ഞും |
| **Soaked** | ലഹരി |
| **Steam** | ആവി |

# *Weather*
## കാലാവസ്ഥ

| | |
|---|---|
| **Atmosphere** | അന്തരീക്ഷം |
| **Calm** | ശാന്തമായ |
| **Climate** | കാലാവസ്ഥ |
| **Cloud** | മേഘം |
| **Drought** | വരൾച്ച |
| **Dry** | ഡ്രൈ |
| **Flood** | വെള്ളപ്പൊക്കം |
| **Fog** | മൂടൽ |
| **Hurricane** | ചുഴലിക്കാറ്റ് |
| **Ice** | ഐസ് |
| **Lightning** | മിന്നൽ |
| **Monsoon** | മൺസൂൺ |
| **Polar** | ധ്രുവ |
| **Rainbow** | മഴവില്ല് |
| **Sky** | ആകാശം |
| **Storm** | കൊടുങ്കാറ്റ് |
| **Temperature** | താപനില |
| **Thunder** | ഇടിമുഴക്കം |
| **Tropical** | ഉഷ്ണമേഖലാ |
| **Wind** | കാറ്റ് |

# Congratulations

**You made it!**

We hope you enjoyed this book as much as we enjoyed making it. We do our best to make high quality games.
These puzzles are designed in a clever way for you to learn actively while having fun!

Did you love them?

-------

## A Simple Request

Our books exist thanks your reviews. Could you help us by leaving one now?

Here is a short link which will take you to your order review page:

BestBooksActivity.com/Review50

# MONSTER CHALLENGE!

## Challenge #1

Ready for Your Bonus Game? We use them all the time but they are not so easy to find. Here are **Synonyms**!

Note 5 words you discovered in each of the Puzzles noted below (#21, #36, #76) and try to find 2 synonyms for each word.

### Note 5 Words from *Puzzle 21*

| Words | Synonym 1 | Synonym 2 |
|-------|-----------|-----------|
|       |           |           |
|       |           |           |
|       |           |           |
|       |           |           |
|       |           |           |

### Note 5 Words from *Puzzle 36*

| Words | Synonym 1 | Synonym 2 |
|-------|-----------|-----------|
|       |           |           |
|       |           |           |
|       |           |           |
|       |           |           |
|       |           |           |

### Note 5 Words from *Puzzle 76*

| Words | Synonym 1 | Synonym 2 |
|-------|-----------|-----------|
|       |           |           |
|       |           |           |
|       |           |           |
|       |           |           |
|       |           |           |

# Challenge #2

Now that you are warmed-up, note 5 words you discovered in each Puzzle noted below (#9, #17, #25) and try to find 2 antonyms for each word. How many lines can you do in 20 minutes?

*Note 5 Words from* **Puzzle 9**

| Words | Antonym 1 | Antonym 2 |
|-------|-----------|-----------|
|       |           |           |
|       |           |           |
|       |           |           |
|       |           |           |
|       |           |           |

*Note 5 Words from* **Puzzle 17**

| Words | Antonym 1 | Antonym 2 |
|-------|-----------|-----------|
|       |           |           |
|       |           |           |
|       |           |           |
|       |           |           |
|       |           |           |

*Note 5 Words from* **Puzzle 25**

| Words | Antonym 1 | Antonym 2 |
|-------|-----------|-----------|
|       |           |           |
|       |           |           |
|       |           |           |
|       |           |           |
|       |           |           |

# Challenge #3

Wonderful, this monster challenge is nothing to you!

Ready for the last one? Choose your 10 favorite words discovered in any of the Puzzles and note them below.

| 1. | 6. |
|---|---|
| 2. | 7. |
| 3. | 8. |
| 4. | 9. |
| 5. | 10. |

Now, using these words and within a maximum of six sentences, your challenge is to compose a text about a person, animal or place that you love!

*Tip: You can use the last blank page of this book as a draft!*

## Your Writing:

# Explore a Unique Store
# Set Up **FOR YOU!**

# NOTEBOOK:

# SEE YOU SOON!

*Linguas Classics Team*

**BESTACTIVITYBOOKS.COM/FREEGAMES**